영혼 패션

경남대표시인선
39

영혼 패션

김종철 제3시집

돌판 경남

Kim Jong-cheol

그리움도 재산이다

그리움도 재산이다
그리움을 잃은 사람은
미각을 잃어 음식의 맛을 못 느끼는 사람처럼
자신의 삶이 얼마나 매운 것인지
얼마나 신 것인지
얼마나 씁쓸한 것인지를 모르는 사람이다
그리움을 잃은 사람은 무엇보다
자신의 삶이 얼마나 달콤한 것인지를
모르는 사람이다
그리움이 간절할수록 인생의 깊이가 더해지고
그리움이 무르익을수록 삶은 향기로워지는 법이다
그리움이 사랑을 낳고
그리움이 시를 낳는다

시인의 말

  시인으로 살아간다는 것은 행운이 아닐까?
  나의 시가 독자의 마음을 움직이는 힘이 비록 미약하다 할지라도, 시를 쓰기 위해 주변의 사람들이며 자연을 관찰하고, 동서고금의 역사와 신화와 철학과 종교를 탐색하고, 좋은 음악을 음미하고, 좋은 그림과 좋은 글에 관심을 가지는 것만으로도 더 이상 바랄 바 없이 삶의 풍요를 누리는 것이 아닐까?
  이번 시집에 묶는 시들은 지난 2년간 내 삶의 기록이다. 고뇌의 산물이라기보다 사유의 결과물이고 내가 누린 행운의 결과물이다. 삶이 하나의 과정이라면, 정진의 과정이라면, 아픔조차도 살아 있는 자가 누릴 수 있는 행운이 아니겠는가?

차례

시인의 말   7

제1부

꽃들을 더 사랑해야지   14
로드리고   15
태산목   16
눈물의 호수   18
정   19
출렁이는 공기   20
봄에 지는 낙엽   22
단풍나무 구름   23
여름 종가시나무   24
이슬이 깃털을 쓰다듬은 까닭은   26
새벽달   28
이쑤시개   29
시가 나에게 묻고 있다   30
집과 나무   32
그리움도 재산이다   35
산청 가는 길   36

제2부

나인 그대에게	40
영혼 패션	41
어디 있나요, 거울은?	44
돈에 관한 명상	45
우체통의 안부	48
13번 우체통	50
살을 열매라고 부른다면	52
떠다니는 입	53
신발 베개	54
백종원	55
대홍	56
벽시계	57
저 어린 분	58
입속의 구두	60
뜨거운 심장	62
무정	64

제3부

두 바퀴 수레	66
여신님	67
겨울비가 그친 후	68
봄을 캐는 할머니	69
4월 벗	70
이질꽃	71
재 같은 사랑	72
눈물로	73
클라라 하스킬	74
프리다 칼로	75
어수	76
시든 국화	77
겨울 남포 · 2	78
그대 이제 사랑을	79
우리는 이미	80
2019 노고단	81
노고단이 높다한들	82
출판기념회를 마치고	83

제4부

원죄	86
사내의 아내	87
목덜미가	88
풍경	89
내가 200살까지 살 수 있다면	90
숨을 쉰다는 말	92
춥다는 말의 쓸쓸함	94
금ㅇ횟집 회덮밥	95
빛	96
흰둥이	98
잔을 들어라 도시의 안개	100
능소화	101
낙엽, 그 아름다운 사연	102
내가 만일 왕이라면	104
정중동靜中動	105
시는 외로웠다	106

■**평론** 균형과 평정의 공간 미학   110
    장성진(창원대 명예교수)

■**다시 시집을 묶으며** 문학은 인생 항로의 길잡이 132
    김종철(저자)

제1부

꽃들을 더 사랑해야지

꽃들을 더 사랑하면
내 마음의 온기가 더해질는지
당신에게 물어본다
어린 마가목 한 그루를 구해 심으면서
땅에 심을까 화분에 심을까
우리의 정원은 이미 만원인데
어디에 욕심을 내려놓아야 할지
한참을 망설인다
내 마음의 호수가 마르지 않기를 기원하면서
내가 좀 더 당신에게 다가갈 수 있기를 바라면서
내 사랑이 좀 더 순수해지기를 바라면서
꽃들을 더 사랑해야지 해야지 하는 동안
한 송이 백합이 고개를 돌리고
당신의 창이 열리고
닫히는 동안

로드리고

아랑훼즈 협주곡이 방 안을 채우고
평화가 고독을 달래기 전이다
고양이 울음을 적시는 겨울비 때문인가
까닭도 모르게 흐르는 눈물

세월이 나를 이 음악에게로 인도했다
유산한 아내가 사경을 헤맬 때의 심정이
절절이 묻어나는 기타 선율에
내 살아온 날들도 함께 녹아
흐른다 눈물이 눈물을 끌어당긴다

눈물이라고 다 같은 눈물이 아니다
피 같은 눈물이 있는가 하면
생선 가시 같은 눈물이 있는 것이다
산란을 끝내고 속살을 드러낸
송어의 등뼈 같은 눈물도 있는 것이다

태산목

마음의 먹구름은 걷힐 줄을 모른다
이층 건물 높이보다 더 큰 나무
꽃나무라기보다 꽃을 피우는 나무

위로의 증표라지만
미국 대통령의 우의와는 반대로
태산만 한 아픔만 되새기는 나무가 아닌지
태산만 한 원망만 되새기는 나무가 아닌지

이름의 유래에 대해 더 알아야 할까
누군가는 사전을 찾고
누군가는 인터넷을 검색해보겠지
평생 아물지 않을 상처에게
우리는 무어라 답해야 할까

거대한 나무 여기저기에 듬성듬성 핀
사람 얼굴만 한 크기의 하얀 꽃
태산만 하게 남아 있는
하얀 아픔
아픔들

몇 년째 맞이한 그날도 지나고
땡볕이 내리쬐는 초여름 한낮
태산을 짊어지고 있는 이름
잭슨 목련

눈물의 호수

작은 웅덩이에 불과했던
내 가슴의 호수
점점 커져 간다.

네가 그리울 때마다
울컥울컥 솟구치는
눈물의 호수.

정

오래된 마티즈를 보내면서
생애 처음으로 산 신차였었다는 생각에
이별의 정이 예사롭지 않다
크게 이룬 것 없이
그럭저럭 생계나 꾸려오던 삶 중에
무슨 큰 성취라도 한 듯
새로운 왕국을 건설한 정복자라도 된 듯
한동안 기쁨이 충만했었는데
그 기쁨에 세월이 쌓여
살붙이에게서나 느낄 살가운 정도 들었는데
서너 번의 접척사고와 아찔한 졸음운전으로
생사의 갈림길도 같이 갔었는데
생과 무생의 경계를
아와 무아의 경계를
상과 무상의 경계를 생각해보는 밤이다

출렁이는 공기

　남국의 과일 향이 흩어지는 그녀 주위에서 출렁 출렁 출렁 출렁 출렁이는 공기
　그녀 앞에서 배경이 되어주는 공기의 입자들은 그녀의 출렁거림에 대해 영문을 모르겠지만
　그녀 좌우를 서성이는 공기들은 그녀의 체취를 통해 출렁거림의 강도를 가늠하고
　그녀의 걸음이 출렁거릴 때마다 그녀를 따르는 등 뒤의 공기들은 설레고 설렌다
　그녀의 살아온 날들도 함께 출렁이는 저 탄탄한 근육질의 출렁거림은 따스하고 따스하다
　그녀 주변의 얼마나 많은 사물들이 생기 넘치는 출렁거림의 수혜자인가
　그녀의 출렁거림은 아침을 아침답게 물들이고 한의원 건물 벽에 기댄 개나리 무리들도
　그녀를 따라 꽃망울을 터트릴까 말까 가볍게 출렁 출렁거린다
　출렁출렁 출렁거리는 소읍의 보도 위에서 계절도 따라 출렁이고
　그녀 이후의 공기가 그녀 이전의 공기에게 출렁출렁 질문을 던진다

그녀 이전에는 저토록 활기찬 출렁거림이 없었던 것일까
그녀 이전에는 출렁거림의 정체를 몰랐던 것일까
그녀 이전에는 생생한 봄 생생한 아침에 관심이 없었던 것일까
그녀의 출렁거림은 지난 세월을 거슬러 생을 되돌아보게 한다

봄에 지는 낙엽

가시나무는 새잎을 피우기 위해
묵은 잎을 무르익은 봄에 떨군다
지난가을 앞산의 많고 많은 나무들이
겨우살이 채비로 앞다투어 잎을 떨굴 때
가시나무는 참고 참았던 것이다
이 봄 제대로 된 수정을 위해
거룩한 숙명을 위해
최대한 힘을 비축했던 것이다
수정을 끝낸 수꽃 이삭과 함께
묵은 잎을 떨구는 가시나무의 생태를
참을성 많은 사람에 비유해도 되지 않을까
세상의 고정관념을 깨부수는
예술가의 삶이란 저래야 되는 것이 아닐까
봄에 떨어지는 무수한 잎들이
강렬하게 그것을 증명하고 있다
가시나무의 봄이 빛나고 있다

단풍나무 구름

오월의 바람이 불면
단풍나무에서는 구름 냄새가 난다
바람에 일렁이는 단풍나무 잎과 꽃들의 군무가
커다란 새의 날갯짓 같기도 하고
뭉게뭉게 피어오르는 구름 같기도 하여
단풍나무를 타고 하늘을 날 수 있을 것 같다

짝이었던 붉은 단풍나무를 잃은 지 십수 년
푸른 단풍나무 홀로 맞이하는 오월
단풍나무를 구름나무라고 부르기 시작한 것은
짝 잃은 단풍나무를 사랑하면서부터이다
트럭에 실려 마을을 떠나간 붉은 단풍나무의 기억이
저 멀리 구름을 바라보게 했는지도 모른다

신록이 오월의 햇살과 어울려 출렁거릴 때마다
단풍나무는 마음을 들어올리기에 충분하다
산들바람에 취해 산맥을 쏘다니다가
지상의 모든 꽃과 나무의 향기를 모아서
오월의 단풍나무 가지를 붙들고
하늘에서 내려올 수 있을 것만 같다

여름 종가시나무

부푼 풍선 같은 종가시나무
바람이 불어와 푸른 풍선을 흔들면
잠자던 새소리들이 흩어진다
아이들이 떠난 옛 교정엔
뜨거운 햇살이 내려와 적막과 함께 뒹굴고
여름 한낮은 지나간 세월을 덥히고 있다

보초를 서고 있는 두 그루 종가시나무
나무가 사철 푸르를 수 있었던 것은
세상의 소리에 추연했기 때문이다
읍내에서 떠도는 소문을 다 들었다면
종가시나무가 저렇게 푸르를 리 없다

사람의 소리가 세상을 뒤덮은 지금
예민한 나무들은 쉽게 쓰러지곤 한다
무인기가 사우디 정유시설을 공습하고
허리케인 도리안이 바하마를 휩쓸고
홍콩의 시위가 6개월째 계속되어도
두 그루 종가시나무는 아주 태연하다

지구를 살릴 수 있는 길은 저들이 안다
사람의 길들을 갈아엎어 밭을 일구고
사람이 저 나무들처럼 살 수만 있다면
아이들이 뛰놀던 운동장의 햇살은
더 이상 부끄럽지 않아도 될 것이다

이슬이 깃털을 쓰다듬은 까닭은

커다란 꽃잎 한 장 떨어져 있다
하느님께서 재채기라도 하셨나 보다
유방 모양이라고 해도 되겠고 봉분 모양이라고 해도 좋을 앞산은
이제 활엽수들이 가을빛을 띠기 시작하고
산자락 밑의 천수답에서는 벼이삭이 고개를 막 숙일 즈음이다
역광을 등에 진 가시나무 잎새마다 햇살이 찰랑거린다
가시나무 그늘을 벗어나 황조롱이는 울음을 멈추었다
날갯짓도 멈추고 꼬리 날개는 하늘을 날 때의 보습 그대로를 유지한 채
귀를 땅바닥에 대고 땅속의 소리에 정신을 모으는 것일까
밤새 하늘에서 떨어져 내린 한 송이 꽃잎은
부시는 아침 햇살에 온몸을 내맡기고 있다
두 다리는 무엇을 밀어내기라도 하는 듯한 자세로
경사진 바닥면에 반듯하게 누워 있다
퇴색한 도로 위에 수놓인 무결점의 주검
어떻게 된 일일까
황조롱이가 가을 꽃잎이 되기까지
마을을 관통하는 좁은 도로로 하루에 몇 번 군내버스가

다니고
　트럭이나 승용차가 가끔 다닌다는 거 말고는
　요즘 들어 마을에 길고양이들의 숫자가 부쩍 늘어났다는 것 말고는
　예전엔 사람들이 청산가리 넣은 콩으로 꿩을 잡았다는 소리를 들은 것 말고는
　새로 들어선 공장 건물의 상층부에 큰 유리 창문이 여럿 있다는 것 말고는
　출근길이었다는 것 말고는
　이슬이 황조롱이의 깃털을 흠뻑 쓰다듬은 까닭을 알 수 없다
　가시나무 곁에 황조롱이를 묻은 한참이나 후에 생각이 난다
　황조롱이에게도 가족이 있지 않았을까

새벽달

10년 전의 달이 천왕산 능선 위에서 새벽을 싣고 온다

새벽의 산, 새벽의 들, 여명 속의 달이 품은 생생한 자력磁力

달리던 자전거를 세우고 이쯤에서 심호흡을 하곤 했던 그때, 그 새벽

10년 전의 달빛이 고스란히 마을의 일부 풍경을 되살리고 있다

쌀쌀한 겨울 새벽 공기가 뭉클뭉클한 충동 같은 거, 활력 같은 거를 왁자하게 쏟아내고

마치 천왕산 능선 위의 달이 밤새 끌어 모았던 생기를 온 누리에 뿜어내고 있는 듯

해가 뜨기 직전, 세상의 중심이 된 달, 오늘에야 서서히 기우는 저 달

이쑤시개

이쑤시개가 말을 건다
손톱 밑의 흙을 파내다가 문득
이쑤시개가 던지는 말에 귀를 기울인다
그리고 그리고 그러니까, 나라는 존재도 결국
하나의 이쑤시개에 지나지 않는 것은 아닐까?
나를 움직이는 누군가,
나를 조종하는 무언가,
우주의 비밀에 속한 어떤 에너지가 나를 휘감아
짧게 한번
이 사이에 낀 고춧가루를 파내듯
나를 사용해 온 것은 아닐까?
일회용이라는 점은 분명한데
굴러다니는 돌멩이,
한 덩이 비계의 역할은 면했는지,
이쑤시개 정도라도 용처가 있다면
그나마 다행이요
감사해야 할 일은 아닌지,
이쑤시개를 손에 들고서
살아온 날들을 돌이켜
나의 용처를 헤아려보는
어제 그리고 오늘

시가 나에게 묻고 있다

시가 나를 부끄러워한다는 걸 알겠다
시인이 되기를 갈망하고
시인이 된 것을 기뻐하고
시인인 것을 은근히 자랑하고
누가 나를 시인이라 불러줄 때
우쭐해 좋아하기도 했는데
몇십 년을 그렇게 살다 보니
시가 나를 부끄러워한다는 걸 알겠다

문장이나 제대로 구사했는지
틀린 어휘를 쓰지는 않았는지
그런 소박한 걱정을 넘어서서
시인을 무슨 감투라도 되는 것처럼
여기지는 않았는지
시를 인생의 액세서리로
생각하지는 않았는지
시가 나에게 묻고 있다

시가 고귀하다는 것을 진작 알았지만
시 앞에 겸허해지는 법은 익히지를 못했다
좋은 시를 쓰기 위해서는
좋은 사람이 되어야 한다는 것을 진작 알았지만
좋은 사람도 되기 전에 시를 쓰고
좋은 사람도 되기 전에 시집을 내었다
아직도 숨기는 것들이 얼마나 많은가
아직도 버려야 할 것들이 얼마나 많은가
시가 나에게 묻고 있다

집과 나무

> 그대들의 집이란 그대들의 보다 큰 육체
> – 칼릴 지브란 〈예언자〉 중

전봇대만큼이나 키가 자란 종려나무를 몇몇 동네 할머니들은 영 못마땅하게 여기신다.
여든이 넘으신 그분들의 믿음을 바꿀 수도 없고 나무를 베어 버릴 수는 더욱 없다.
어느 조경업자는 보기 드문 나무라며 자신에게 팔 생각이 없느냐고 묻기도 한 나무를.

담벼락 가까이에 초병처럼 우뚝 서서 동네와 마당을 내려다보고 있는 나무,
멀리서 바라보면 이국적인 풍치를 안겨주어 늘 새롭기만 한 나무,
종려나무를 파내려면 담을 허물지 않고는 불가능하고
담을 허물고 반백 년의 나이에 이른 종려나무를 어찌한다는 것은
늙은 내외에겐 집을 팔지 않고는 할 수 없는 일이자 돌이킬 수 없는 일이 되리라.

두 아들과 딸 아이 중 누구도 이 집에 들어와 살 생각이 없다는 것을 확인한 이상

내외가 집을 팔거나 둘 다 이승을 하직하여 집을 떠나기라도 한다면
 낡아서 시대와 보조를 못 맞추는 목조의 집은 포클레인에 뭉개지고
 종려나무도 수명을 다하지 못하고 누군가의 손에 베일 확률이 높다.
 사람들은 낡고 오래된 집 한 채, 껑충 키만 큰 나무 한 그루, 대수롭지 않게 생각하겠지.
 집에 깃든 역사와 나무가 품고 있는 수많은 이야기들은 안중에도 없겠지.

 기와지붕이 슬레이트 지붕으로 바뀌고 다시 기와형 강판 지붕으로 바뀔 때까지
 이 집에서 태어나 이 집에서 살다가 이 집을 떠나간 무수한 생명, 아들과 딸,
 손자와 손녀, 돼지와 닭과 강아지와 고양이만 해도 몇이나 되는지 헤아리기 어렵다.
 이 집의 상징이 된 종려나무는 소우주小宇宙의 역사를 속속들이 알고 있다.
 종려나무는 이제 오래된 친구 같고 늙은 내외에게 때로는

형제나 자매 같기도 하다.
 나무도 정이 들면 나무 이상이 된다는 것을 사람들이 알아줄 날은 언제일까?

그리움도 재산이다

그리움도 재산이다
그리움을 잃은 사람은
미각을 잃어 음식의 맛을 못 느끼는 사람처럼
자신의 삶이 얼마나 매운 것인지
얼마나 신 것인지
얼마나 씁쓸한 것인지를 모르는 사람이다
그리움을 잃은 사람은 무엇보다
자신의 삶이 얼마나 달콤한 것인지를
모르는 사람이다
그리움이 간절할수록 인생의 깊이가 더해지고
그리움이 무르익을수록 삶은 향기로워지는 법이다
그리움이 사랑을 낳고
그리움이 시를 낳는다

산청 가는 길

언제부터 가기 시작했을까
탐석을 갔던 길이 처음이었던지
유명 스님이 출가하기 전 머물렀다던
대원사를 찾았던 것이 처음이었던지
이름난 추어탕 집을 찾았던 것이 처음이었던지
그 경위는 기억이 가물가물해도
우리 부부가 별 약속 없이 가는 길이
산청 가는 길이다
즐거운 나들잇길이다
경호강이 부르는 건지
지리산이 부르는 건지
신청 가는 길은 언제나 설렌다
그러더니 퇴직 후를 생각하고부터
이 길에도 끝이 있겠지
이 길도 끝날 때가 있겠지
가고 싶어도 갈 수 없을 때가 있겠지
즐거움도 즐거움의 마지막도
무덤덤하게 받아들여야 할 때가 있겠지
무덤덤이 미덕이 될 날이 있겠지

초연해져야겠지 잊어야겠지
산청 가는 길은 버림에 대하여
비움에 대하여 일깨우는 길이기도 하다

제2부

나인 그대에게

금은보화가
그대 영혼의 건강을 담보하진 않는다
고관대작의 권좌가
그대 영혼의 고도를 결정하는 것은 아니다
신을 부정하고
부처도 부정하고
그대 자신만을 믿는 그대여
어쩌면 그대 자신조차도
믿지 못하는 그대여
그대 육체의 눈이 아무리 밝아도
신을 볼 수는 없다
그대 마음의 눈을 뜨지 않는 한
진리를 만날 수도 없다
가련한 영혼이여
길을 나설 때이다
때 묻기 이전의 그대를 찾아서
나를 찾아서

영혼 패션

> 정신을 자유롭게 하고 존재를 우주 속에 두어라.
> 그러면 언제 어느 곳을 막론하고 귀뚜라미의 계절에는
> 귀뚜라미의 울음소리가 귓전을 떠날 날이 없을 것이다.
> 그 소리를 얼마나 잘 알아듣는가에 따라 한 사람의
> 정신이 얼마나 고요하고 건강한지 알 수 있다.
> — 1851년 7월 7일 H.D.소로

영혼에도 패션이 있다는 것을 그대들은 모른다
눈을 고치고 코를 고치고
첨단의술로 팔다리의 지방을 뺄 줄은 알아도
보톡스 시술로 주름을 없애고
먹은 나이를 감추려고 돈과 시간을 들일 줄은 알아도
영혼을 다듬을 줄을 그대들은 모른다

눈만 뜨면 쏟아지는 정보의 홍수 속에서
세대별 계절별 나라와 지역별
유행하는 옷에 대해서는 관심이 많아도
명품 구두 명품 백에는 관심이 많아도
영혼의 패션에 대해서는 감각이 무디다
몸에 좋다는 것은 어떻게든 챙겨 먹고
백세인생이라는 말이 생길 정도로
건강하게 오래 사는 것에는 관심이 많아도
영혼이 아름답게 사는 것에는 별로 관심이 없다

좋은 그림을 보고
좋은 음악을 듣고
좋은 시를 읽고 영혼을 다듬을 수 있겠지만
인류의 미래를 생각하고
지상의 모든 생명을 생각하고
우주를 생각하고
우주 속의 그대를 생각하면서 영혼을 다듬을 수 있겠지만
좋은 그림이 어떤 그림인지
좋은 음악은 어떤 음악인지
좋은 글은 어떤 글인지
생명이니 우주니 하는 근본적인 것을
대부분의 그대들은 잊고 산다

그대들 중의 일부는 무섭기도 하다
사람이라기보다도 동물 같은
동물이라기보다도 짐승 같은
짐승이라기보다도 로봇 같은
무서운 그대들이 늘어나고 있다
온 지구촌이 돈을 좇아 사는 세상이 되면서
악마 같은 그대들이 늘어나고 있다

스님이라고 다 훌륭한 스님이 아니고
목사님이라고 다 훌륭한 목사님이 아니고
선생님이라고 다 훌륭한 선생님이 아니고
시인이라고 다 훌륭한 시인이 아니고
영혼이 정말 아름다운 스님이나 목사님을 만나기가 쉽지 않다
영혼이 정말 아름다운 선생님이나 시인을 만나기가 쉽지 않다

산책을 통하여서도 영혼을 다듬을 수 있겠고
여행을 통하여서도 영혼을 다듬을 수 있겠고
독서를 통하여서도 영혼을 다듬을 수 있겠고
명상을 통하여서도 영혼을 다듬을 수 있겠고
기도를 통하여서도 영혼을 다듬을 수 있겠고
좋은 친구와의 대화를 통하여서도 영혼을 다듬을 수 있겠지만
무엇보다 우주의 중심인 그대를 들여다봄으로써
세련된 영혼을 찾을 수 있기를
그대 부디 있기를

어디 있나요, 거울은?

당신의 괴로움을 비추는 거울은 어디 있나요?
당신이 온통 괴로움의 덩어리일 때
당신의 괴로움을 비추는 거울은 하나인가요, 여럿인가요?
당신의 괴로움을 비추는 거울이
당신의 슬픔을 비추기도 하나요?
당신의 괴로움이 슬픔을 짓눌러
당신의 괴로움이 슬픔과 함께 뭉칠 때
거울은 슬픔의 동영상을 비추기도 하나요?
당신의 슬픔과 당신의 기쁨을 비추는 거울은 다른가요?
당신이 슬픔 곁에 기쁨이 있다면
거울은 슬픔도 비추고 기쁨도 비추나요?
슬픔을 비추고 기쁨도 비추는 거울을 당신은 볼 수 있나요?
당신을 비추는 거울은 어디 있나요?

돈에 관한 명상

> 증기나 물이 추위에 얼듯이 인생을 단순하게 살고
> 번잡을 피하는 것이 단단해지는 비결이다.
> 가난은 힘과 에너지와 멋을 집중시킨다.
> — 1857년 2월 8일 H.D.소로

돈은 장난감 점토 같은 것이네
돈으로 돈을 버는 사람들
돈을 가지고 노는 사람들에게
돈은 얼마나 주무르기 쉬운 놀이도구인가

가난한 사람들은
가지고 놀 점토가 부족한 사람들
웬만큼 섬세한 솜씨가 아니면
평생을 주물러도 집 한 채 만들기 힘드네

사람이 만들었으나 사람보다 위세를 떨치는 것
사람들끼리 칼부림하고 총을 겨누게도 하는 것
사람을 파멸의 구렁텅이로 몰아넣기도 하는 것
21세기의 지구촌을 먹구름처럼 뒤덮고 있는 것

미국 대통령 도날드 트럼프만 돈을 최고로 아는 것이 아니고
멕시코 마약왕 호아킨 구스만만 돈을 최고로 아는 것이 아니고
중국의 부동산 갑부 양후이옌만 돈을 최고로 아는 것이 아니고

오대양 육대주의 여느 집 주부들도 돈을 최고로 알고
방방곡곡, 동네 꼬마 녀석들도 돈을 최고로 아는 세상이 되었네

돈의 논리로 지구는 허무맹랑한 행성이 되어가고 있네
부자나라일수록 빈부의 격차는 심화되는데도
대다수 지구인이 돈에 눈이 멀기 시작하면서
환경은 파괴되고 지구의 몸살은 극으로 치닫고 있네

아마존의 원시림에 일부러 불을 지른 까닭은
육식을 즐기는 부자나라 사람들의 뱃속을 채우기 위해
초지를 만들어 소를 키우겠다는 데 있었고
유전을 차지하기 위해 전쟁을 일으키고
전 지구적으로 테러와 보복이 되풀이되는 까닭도
모두가 돈 때문이라는 것을 어찌 모르리

우주의 한 점 모래알에 불과한
지구라는 별의 관점에서 보면
돈이란 무의미하고 부질없는 것을
구도자求道者의 자세로 보면 돈이란
칼이나 총만큼이나 쓸모라곤 없는 것을

사람들은 언젠가부터 길을 잃고 헤매고 있네

지상의 일원으로서
사람이 사람답게 사는 길을 찾는다면
돈의 영토를 떠나
나무와 꽃과 새와 별의 세계로 돌아갈 수만 있다면
장난감 점토를 다시 흙의 세계로 돌려줄 수 있다면

굴레도 아니고 덫도 아니고 올가미도 아니고 족쇄도 아니고
돈은 그저 바람 같고 뜬구름 같은 것을
돈은 정녕 힘을 잃고 마는 것을
사람의 세상을 벗어나 자연으로 돌아갈 수만 있다면
지상의 생명붙이인 우리 모두의 세계로 돌아갈 수만 있다면
아름다움으로 가득한 우주의 순수 속으로 돌아갈 수만 있다면

우체통의 안부

그리움이 깊어지면 우체통도 상사병을 앓는다
고성여객자동차터미널 앞 우체통과
옥천사 청담스님 사리탑 앞 우체통은
가슴이 허전하여 가끔 서로의 안부를 묻는다
고성읍 송학리와 개천면 북평리에 떨어져 사는
두 우체통은 할아버지와 손자인 셈이지만 이름도 성도 다르다
고성여객자동차터미널 앞 우체통은 그냥 '우편'인 반면
옥천사 우체통은 '느린우체통'이란 명찰을 달고 있다
느린 우체통의 편지는 6개월이나 1년 후에 발송된다는데
신세대 우체통이 오히려 행동은 굼뜬 까닭에
우체통은 세월을 거슬러 세대를 잇는 셈이다
천년에 한번 편지를 부치는 우체통이 나오다가
우체통이 영영 사라질 날이 올 지도 모른다
아무튼 우체통은 사람들에게서 점점 잊혀져 가고
이제 우체통은 우체통끼리 안부를 묻기에 이르렀다
지금은 바람이나 안개나 새들이 이들의 전령이다
어찌 그리 무심하신가 세상일이 궁금하지도 않으신가
언제, 읍내에 올 일 있으면 나도 좀 봄세
뒷산에 진달래 흐드러질 무렵 한번 다녀가시게나
그렇게 사람의 흉내를 내면 손자가 답한다

가을이 한창일 때, 두 그루 은행나무가
옥천사 경내를 온통 노랗게 물들일 때면
세속의 때도 씻을 겸 할아버지도 꼭 한번 다녀가셔요

13번 우체통

천 개의 눈이 두리번거린다 우체통은
우두커니 서서 누군가를 기다린다
우체통이 충혈된 눈으로 바라보는 것은
주유소, 한의원, 사무용가구점, 돼지국밥집 같은
고성읍내의 눈에 익은 풍경들이 아니다

터미널 앞 주차장을 지키는 초병처럼
전봇대와 게시판 사이 우체통은
짧은 외다리를 한 채 서 있다
사람들이 하루 종일 대합실을 드나들고
각양각색의 차량들이 주차장을 오가면서
우체통의 무료함을 달래주지만
가족이나 일행과 함께 사람들이 떠나면 그뿐
우체통이 기다리는 사람은 보이지 않는다

마음을 밀어 넣었다가 발갛게 익은 우체통
미루고 미루다가 마지막 숨결이 되어버린
고성여객자동차터미널 앞 13번 우체통
우체통의 기다림은 밤이 늦도록 이어지고
막차마저 떠나고 주변을 어슬렁거리던

길고양이들조차 자취를 감추었는데도
우체통은 좀처럼 잠들지 못한다

여름 지나 가을 지나 겨울도 깊어가고
매일 부음을 듣는 21세기의 날들이 지나가는데
우체통은 아주 오래된 기억의 자물통처럼 서서
누군가 마음의 빗장을 열어주기만을
기다리고 있다 천 개의 눈을 두리번거리며

살을 열매라고 부른다면

국민 대다수가 반기는 그들의 살
얼마 전까지도 대둔근이거나
이두박근이었을지도 모르는 살들이
어깨동무를 하고 식탁에 올랐다

매 끼니마다 빠지지 않는 그들의 살
쌀이 밥이 되어 식탁에 오르기 전
잘 익은 돼지의 살들이 오늘은
김치를 둘러메고 식탁에 오른 것이다

닭이나 돼지의 살을 열매라고 불러도
되지 않을까 매일 만나는 밥이 쌀이듯
벼의 열매이듯 우리네 소시민에게도
그들의 살은 이제 쌀만큼이나 친숙하니까

누가 피를 뽑고 뼈를 발라낸 뒤
부위별로 구분하여 잘 익힌 살을
누가 내 살을 열매라고 부른다면
무어라고 답해야 할까,
예?
아니오?

떠다니는 입

일과가 시작되기 전부터 떠오른 입은
날개라도 달린 듯 공중을 날아다니다가
나무에도 붙었다가
사람의 등 뒤에도 붙었다가
거리의 간판에도 붙어 지저귀다가
업종과 업종을 넘나들며 조잘대다가
지껄이다가
종알대다가
씨불이다가
연속극과 영화 사이에서도 떠돌다가
연예계와 현실 정치판을 아우르며
물고 뜯다가
잘근잘근 씹다가
거품을 물고 씨근대다가
〈염라대왕은 말 많은 자를 두려워하지 않는다〉는 것을
아는지 모르는지
귀착지를 못 찾는 난파선처럼
허공을 떠도는 풍선처럼

*〈 〉속은 《임간록》에 나오는 옛 중국의 홍인 스님이 하신 말씀.

신발 베개

신발 베개와 팽나무 그늘은 한 쌍이다
한 쌍의 환상의 커플이다
누가 이들을 떼어놓을 것인가

작업화를 베고
팽나무 그늘 아래 신발 베개를 베고
오수를 즐기는 이것도 천국의 일이 아닌가

백종원

그를 목자라 불러도 되지 않을까
목회를 하는 이유가 영혼 구제에 있다면
그는 영세 자영업자들의 자립을 도모한다
그저 돕는 것이 아니라 매우 구체적으로
경제적 어려움을 겪고 있는 요식업
자영업자의 문제점을 지적해주고
그들의 아픔을 이해해주고
자신의 지식과 경험을 허심탄회하게 나누며
개선책을 제시하여 상권의 부흥을 돕는다
현실이 구제되면
영혼도 따라서 구제되기 마련이다
말로만 하는 구제보다
돈으로만 하는 구제보다
보여주기식의 거창한 구제보다
그의 도움에는 진정성이 느껴진다
그를 이 시대의 가장 적합한
목자라고 불러도 되지 않을까

대 홍

늙어가는 나에게 이상형이 되어준 그는
웬만해선 서두르는 법이 없다

유독 그에게만 독하게 구는 상관이 있어
조그만 실수도 그냥 지나치는 법이 없지만
그는 꿋꿋하게 한 직장에서 10년을 견디었다

남들이 과장이다 팀장이다 진급할 때
번번이 탈락하여 아직도 대리이지만
그는 회사에 대한 불만을 얘기하지 않는다

10년 근속에도 불구하고 신참 월급이라
불만이 없을 리 만무한데
야근 수당으로 보충하면 괜찮다고 말한다

하루에도 몇 번씩 볼 때마다 인사를 해서
인사성 하나는 타의 추종을 불허하는데
몇 번을 다시 태어나야 그의 경지에 다다를 수 있을까

벽시계

벽시계의 의도는 무엇일까
벽시계는 하루 종일 벽에 붙어서 우리를 내려다보고 있다
눈길이 벽시계로 향할 때마다 무소불위의 권위를 내뿜는다
벽시계는 근로자들의 머리 위에서 군림하고 있다
벽시계의 눈은 벽 너머의 눈
우리가 태어나기 이전부터 누군가
벽시계의 내부에 카메라를 내장해놓았던 건 아닐까
벽이 만들어질 때부터 벽시계는 예정되어 있었고
벽시계의 관음증은 벽의 신념 같은 것이 되었다
작은 공장 건물에 가득한 우리들의 강박이
벽시계를 보다 높은 곳으로 인도했다
벽시계는 시간 너머의 세계까지도 넘보고 있다

저 어린 분

> 팽나무는 키 20미터, 줄기 둘레가 두세 아름이 넘도록 크게 자라는 나무다. 남부지방에서 부르는 팽나무의 다른 이름은 포구나무다. 팽나무는 몇백 년을 살 수도 있고 길게는 천 년을 살 수도 있는 나무라고 한다.

주식회사 A항공
탱자나무 울타리 사이
저 어린 분
무슨 생각을 하고 계신가?

제 어미의 말만 믿고
이곳이 아직도
학교인 줄로만 아는 것은 아닐까?

아이들이 공부하던 교실은
대형 프레스와 절곡장비들이 차지한 지 오래,
아이들이 뛰어놀던 운동장은
화물차와 지게차가 차지한 지 오래,
교실이었던 공장 안과 밖 어디에서나
하루 종일 기계들의 소음으로 가득한데

뿌리째 뽑히고 팔다리가 잘려 나간
나무 언니 나무 오빠들의 아우성을

몰라도 너무 모른 채
노란 젖니를 드러낸
팽나무 어린 싹

겨울이 올 무렵이면
가시나무 울타리가 다듬어지기를 여러 해
탱자나무에 치여 왜소해진 팽나무도
그때마다 잘리고 자꾸만 잘리다가
자신이 울타리의 일부라는 걸 자각하고 난 후에나
저 어린 분 비로소 철이 들 것이다

입속의 구두

새 구두를 장만하기까지 한 해가 갔다
새 구두는 젊어서는 생각하지도 못했던 것이다
아침마다 거울 앞에서 씻고 닦고 문지른다
입속의 구두만 있으면 식탁에서 가히 젊은이가 부럽지 않다
입속의 구두 덕분에 세상의 절반이 따스하게 느껴진다
젊음을 한꺼번에 잃고 잇몸만으로 지냈던 지난 시간들이
입속의 구두를 찬양한다 감사합니다 감사합니다

입속의 구두는 현실을 대변한다
입속이 구두를 신고 뚜벅뚜벅 하루를 여행하다 보면
늙어가는 삶에서 입속의 구두가 얼마나 절실한지
입속의 구두가 얼마나 불편한지 동시에 알 수 있다
오늘의 구두를 내일 다시 신어야 하므로
밤이면 밤마다 애지중지 보관해야 한다
입속의 구두를 신은 후로 어르신이라는 소리도 듣고
입을 꾹 다물고 있다가는 괜히 근엄해질 수도 있기에
억지로라도 웃어야 한다 웃음만으로 따지면
복이 넝쿨째 굴러 들어올지도 모를 일이다

입속의 구두는 우리를 기도하게 한다
무슬림이 메카를 향하여 하루에 다섯 번 기도하듯
끼니와 간식과 야참을 섬기는 자
입속의 구두를 받들며 수시로 기도한다
오늘날 우리에게 일용할 양식을 주옵시고
우리가 우리에게 죄지은 자를 사하여 준 것과 같이
우리의 이빨이 지은 죄를 사하여 주옵시고
우리의 잇몸을 시험에 들게 하지 마옵시고
다만 아픔에서 구하옵소서

뜨거운 심장

한 그루

석류나무

뿌리를 내리고

싹이 트고

잎이 자라는 모습을

보리라

가지를 뻗고

키가 자라고

꽃이 피어나는 모습을

보리라

열매를 맺고

둥근 열매가 익어 터져서

보석 같은 붉은 씨

탐스럽게 빛나는 모습을

보리라

석류나무에게

뜨거운 심장을

보여

주리라

무 정

〈후불제/비아 시알〉
100% 정품 비아그라 시알리스/
온라인 최저가 판매/
정품 아닐 시 100% 보상
올 때마다 스팸 차단을 해도
완전삭제를 아무리 해도
어디서 메일을 보내는 건지
매일같이 새로운 발신자가
내용은 똑같은 메일을 보내온다
끊임없이 달려드는 악마의 유혹에
지쳐 굴복하는 것은 아닐까

내 마음의 미망을 지울 수가 없다
인생 말년에도 궁금증은 가시지 않고
언제쯤 이 하찮은 미망을 끊어낼 수 있을지
스팸메일은 묻고 있다
무심과 무정의 경계도 궁금하고
유정을 넘어 사랑과 보리심이
어디쯤의 경계에 있는 것인지
현실이 무정을 용납할 수 있는 건지도 궁금하고

제3부

두 바퀴 수레

나에게 부처님은 이성을 일깨우고

나에게 예수님은 경건함을 가르쳤다

두 바퀴 수레에 실려 하루가 또 저문다

여신님

성탄절을 앞두고 여신께서 강림하셨다

몇 겁의 세월 끝에 인연의 끈 닿았는지

그런 건 몰라도 좋아라 우리 집의 첫 손녀

겨울비가 그친 후

겨울비가 그친 후 천사들이 내려와

햇살 방망이를 들고 칼싸움을 벌인다

눈부셔 한 눈만 뜬 채 잔치 구경 중이다

봄을 캐는 할머니

쑥인지 냉이인지 봄인지 햇살인지

손길만 부지런한 할머니의 등 뒤로

들녘을 휘돌아 부는 봄바람이 거세다

4월 벚

뻥튀기를 장착한
강심장의 저 나무

사람들 눈길 따라
전국을 뒤덮을 듯

줄줄이
무더기로 터지는
저 꽃
저 흔힌 꽃

이질꽃*

뽑아버릴까 말까 고민했던 꽃대에서

보란 듯이 눈부시게 두 송이나 피었나니

범사에 감사하란 말씀 새겨듣고 있습니다

*꽃말 : 기쁨, 환희, 놀람.

재 같은 사랑

운명적 사랑이요 사랑 이전의 사랑이요

내가 당신을 사랑할 때의 사랑은

태워도 마지막까지 남을, 재 같은 사랑이요

눈물로

그대 입술에 입맞춤하는 날이 없기를

그대를 보내고 나만 남는 날이 없기를

눈물로 그대 두 눈을 감기는 일이 없기를

클라라 하스킬

신을 위해 연주한 모차르트의 모차르트

머리카락 한 올 차이로 벼랑을 벗어난

그것을 행운이라 말하는 피아노의 성녀聖女

프리다 칼로

죽음을 놀리고 비웃기도 한 그대여

폭탄을 둘러싼 리본 같은 영혼이여

보노라, 직유로 그려낸 초현실의 아픔을

*프리다의 예술세계는 폭탄을 둘러싼 리본이다
 - 프랑스 시인 앙드레 브르통의 말

여 수

도시의 모퉁이에 가을이 깊어간다

한두 방울의 비가 어깨를 두드리고

맛집 앞 행렬 너머로 교회 첨탑도 떨고 있다

시든 국화

시든 국화는 천사의 얼굴을 버렸다

시든 국화는 악마의 얼굴도 버렸다

국화가 가닿은 곳에 레테의 강이 흐른다

겨울 남포 · 2

사랑이란 말 따윈 꺼내지도 못했는데

내 젊음의 한때를 흔들었던 그 여인

매립된 추억 속에서 신기루로 일렁이네

그대 이제 사랑을

그대 이제 사랑을 말하지 말아요

말은 가벼워도 사랑은 무거우니까요

사랑은 창살이 되고 올무도 되니까요

우리는 이미

우리는 이미 많은 것을 얻었다

우리는 이미 많은 것을 이루었다

잃었던 많은 것들을 잊을 수만 있다면

2019 노고단

구불구불 산길을 경사도 심한 길을

어젯밤 내린 눈이 다 녹지도 않은 길을

해질녘 어스름과 함께 경쟁하듯 넘었네

노고단이 높다 한들

노고단이 높다 한들 뱀사골이 깊다 한들

누님들과 함께했던 추억보다 더할 텐가

다시 또 오게 될 날이 있기라도 하려나

출판기념회를 마치고

10년 후, 20년 후, 그리고 몇 년 더

우리 모두의 만남이 계속될 수 있다면

한 세상 예쁘게 살았노라 그대에게 말하리

제4부

원죄

내 잘못을 뉘우칠 줄 아는 사람이라면,
모든 다툼에 나의 인애仁愛가 부족했음을
깨달을 수 있는 사람이라면,
내 마음의 좋은 면과
내 마음의 나쁜 면을 구별할 수 있는 사람이라면,
지상의 모든 생명과 더불어 하루를 살되
좀 더 좋은 사람이 되고자 노력하는 사람이라면
신과 원죄의 개념을 이해할 수 있을 것이다.

매일 자신의 잘못을 뉘우치고
매일 누군가를 위해 기도하는 사람이라면,
예수가 왜 제자들에게 형제의 잘못을
일곱 번뿐 아니라 일곱 번씩 일흔 번이라도
용서하라고 가르쳤는지를
이해할 수 있을 것이다.

사내의 아내

건널목에서 위태롭다
바람 깊은 겨울
양 팔에 목발을 짚은
사내

건널목에서
위태로운
오늘을
온몸으로
건너는
사내

당뇨를 앓은 후
목발을 짚기까지
위태로운 겨울
칼 같은 바람은 알고 있다
목발보다 단단한
그의 아내를

목덜미가

서늘하다
좁은 통로를 지나
벽을 향해 다가가다가
다가가다가 공중화장실 소,
변기를 향해 접근하다가
(21세기의 세상사 때문인지
개인적 기억의 혼합물 때문인지)
갑자기, 누군가, 등을, 후려칠 것 같아
기습적으로 누군가,
목에,
칼이라도 꽂을 것 같아
찰나를 가르는
서늘

풍 경

꽃송이 한 쌍이
아직도 쌀쌀한 강둑에서
한들한들거린다

보조를 맞추어
강둑을 거니는 저들을
시대가 감싸고 있다

연인일 수도 있겠지만
한 20년쯤 같이한
부부가 아닐는지

같이 조깅을 한다는 거
흔한 일이긴 하지만
쉬운 일은 아니다

내가 200살까지 살 수 있다면

내가 200살까지 살 수 있다면
당신을 미워도 해보고
다른 사람에게 눈길도 줘보고
멀리 도망도 가보고 할 텐데
길어야 100년 사는 생
당신과 함께한 세월이
남은 세월보다
더 오래다는 것은
계산하나마나
세상에서 니를 제일 잘 아는 사람은
그 누구도 아니고 당신이라는 것
당신이 제일 만만하다는 것
물어보나마나
당신이라는 것
따져보나마나
생각하나마나
내가 200살까지 살 수 있다면
당신이 아니라도 좋아
당신을 배반하고 싶어
배반의 상대인 그녀도 배반하고 싶어

나 혼자서도 잘 살 수 있어
한번쯤 우겨라도 볼 텐데
열정으로 보나
늙어가는 몸 상태로 보나
서로를 아끼며
서로를 보듬으며
서로에게 기대어
사랑만 하기도 부족하네

숨을 쉰다는 말

나무도 숨을 쉰다는 말
코도 없이
입도 없이
나무가 숨을 쉰다는 말

흙만 있으면 살 줄 알았던
물만 있으면 살 줄 알았던
나무가 숨을 쉰다는 말

나무가 숨이 막힐 때
나무의 말을 알아듣지 못하고
(내가 알아듣지 못하는 말은 이 세상에 얼마나 많은지)
자꾸 물만 주어 나무의 숨구멍을 되려 조여서
나무가 죽고 만다니
나무가 숨을 못 쉬어 죽고 만다니

흙에 숨구멍이 있어야만 나무가 살고
흙의 물 빠짐이 좋아야만 나무가 살고
사랑도 지나치면 집착이 되고
관심도 지나치면 사슬이 된다는 것

나무도 숨을 쉬어야 산다는 말
숨을 쉬어야만 산다는 말
숨을 쉰다는 말
숨
숨
숨

춥다는 말의 쓸쓸함

춥다는 말은
집이 낡아서가 아니네
가난하다는 말이 아니네
춥다는 말은 외롭다는 말

추운 것이 어디 몸뿐이겠는가
배우자를 잃은 사람은
봄날의 햇살로도
쓸쓸함을 잠재울 수 없다네

춥다는 말은 외롭다는 말
꽃들이 앞다투어 피어나고
아지랑이가 봄을 재촉할수록
쓸쓸함은 더욱 커질 뿐

금ㅇ횟집 회덮밥

금ㅇ횟집 회덮밥은 회 대신 먹는 밥
쾌락과 희열을 대신해서 먹는 밥
즐거움과 휴식을 밑반찬으로
낭만과 여유를 대신해서 먹는 밥
금ㅇ횟집에 서정이 내리는 시각은 일정하지 않지만
대부분이 모듬회를 즐기는 틈 사이에서
두리번거리다가 조용하게
창문 너머 밀려드는 어스름을 바라보며
통영의 바다 내음과 밤 풍경을 음미하며
겨울 초입의 이방인이 되어 먹는 밥

빛

아무렴
내가 누군가에게로
다가가는 길은
열려 있다.

내가 누군가의 빛이 되기를
늘상 기대하지만
오늘 밤에도 타인이 먼저
나의 빛이 되었다.

    용
    서
    하
    라
용서하라 용서하라
    용
    서
    하
    라

나의 사랑은
오늘 밤에도
내 몸속 깊이 숨어 있었다.
초를 비로소 촛불이게 하는
심지처럼.

— 1993년 《고성문학》 8호

흰둥이

 (살다 보면 쉽게 잊히지 않는 일들이 있다. 남들이 보기엔 단순하고 보잘것없고 하찮은 일이라도 나에겐 참 소중하게 기억되는 일이 있기 마련이다.)

 몇 대를 거슬러 올라가야 제대로 된 혈통이 나올지 어떨지 모를 강아지 한 마리. 귀는 쫑긋하지만 다리는 짧고 눈은 툭 불거진 것이 붉은 기가 돌고, 전체 털빛은 흰색이라지만 몸의 일부는 누르스름하기까지 했던 녀석은 담 넘기의 선수였다. 자신의 키보다 두 배나 되는 쇠 울타리도 가뿐히 넘었다. 어찌나 영리한지 이중 삼중 울타리를 쳐도 귀신같이 빠져나오곤 했다. 들어가기도 잘 들어갔다. '들어가!'라고 말하면 단번에 자신의 집으로 들어갈 줄도 알았다.

 사람의 말을 알아듣기라도 하듯, 사람의 마음을 읽기라도 하듯, 잘 따르고 잘 뛰놀던 녀석은 그러나 벌써 우리 집을 떠났다. 딸아이가 회사에서 또 다른 강아지 한 마리를 얻어 오면서 두 녀석이 어찌나 싸우던지 형님 격인 흰둥이는 결국 우리를 떠날 수밖에 없었다.

녀석이 가고 반년이 넘었는데 하얀 강아지만 보면 녀석이 생각난다. 녀석이 하도 영리했기 때문일까? 아니면 녀석이 담을 잘 넘어 다녔던 단순한 이유 때문일까? 그도 아니면, 다른 강아지에게 자신의 자리를 내어주지 않으면 안 될 불행한 운명을 타고난 것이 불쌍해서 그랬을까? 그럴 리가 없기를 진정 바라지만, 우리 집을 떠나던 그 길로 영영 돌아올 수 없는 길로 갈지도 모른다던 아내의 말, 슬픔을 한입 가득 베어 물었던 그 말 때문일까? 쉽게 잊히지 않는 까닭은.

― 2008년 《고성문학》 24호

잔을 들어라 도시의 안개

득실거린다 득실거려
서울 명동이나
마산 창동이나
사람 지나는 거리에
쓸쓸한 바람 분다
사람이 불어 바람 간다
흔들리며 사라지는 것들
사람이고 사람 아닌 것들
바람이고 바람 아닌 것들
이 거리를 피워내는
저 모두를 꽃이라 하자
낯선 저들을 이웃이라 하자
득실거리는 이웃을 위하여
득과 실을 위하여
잔을 들어라 도시의 안개

능소화

떨어진 꽃잎을 쓸면서
내 마음이 쓰라린 것을
전들 차마 모를까

저를 보기 위해
몇 년을 공들였는지
저를 기다리며
얼마나 애를 태웠는지
번연히 알면서

하
     염
없
     이
떨어져 내리는
저 꽃
저 능청스런
        꽃

낙엽, 그 아름다운 사연

나무의 잎은 나무의 일부분
그렇다고 해서 잎을
나무와 동일시하지는 마시라
하나의 잎은 헤아릴 수 없이 많은 잎들 중의 하나일 뿐
나무 그 자체는 아니니
나무의 수명이 아무리 길어도
활엽수의 잎은 한해살이에 불과하니

클로버 중에 네 잎의 클로버를 찾기 어렵듯
온전한 모양으로 곱게 물든 낙엽을 찾아보기란 어렵네

예쁜 낙엽은 좋은 환경과 좋은 나무를 만나서
여름 한 철 햇빛과 비와 바람의 절친으로 지내다가
고생이라는 것을 모르고 자란 사람처럼
모범생처럼 나무의 성장이라는 대의를 위해
열심히 자신을 가꾸고 정진하다가
곱게 성숙하고 곱게 물든 어느 가을날
바람결에 훌쩍 떨어져 내린 잎 중의 잎이리

한편 불운한 낙엽은 한창 싱싱하게 물오를 무렵
나비며 다른 곤충의 애벌레들에게 습격을 당하여
뜯기고 할퀴고 끝내는 나무에게조차 버림받은 낙엽을 말한다네
봄에도 떨어질 수 있고 여름에도 떨어질 수 있고
떨어지기도 전에 이미 송두리째
어느 애벌레의 먹이가 될 수도 있는 것이라네

대부분 낙엽은 봄부터 가을 끝 무렵까지
나무를 위하여 소임을 다하다가
한 생애의 상처를 그대로 드러낸 채
붉게 혹은 갈색의 회한을 남기고
찬바람에 밀려 지상으로 내려앉은 이파리 하나
공기처럼 가벼운 한 장의 잎이라네

열심히 자신의 도리를 다했다는 것
장렬하게 때론 애처롭게 한 생을 마쳤다는 것
낙엽은 그저 예쁜 것이 아니라
아름다운 것이란 생각이 그래서 드는 것이라네

내가 만일 왕이라면

내가 만일 왕이라면
내 왕국의 길들을 갈아엎겠다
고속도로 지방도로
산복도로 각종 포장도로
세상의 길들을 갈아엎어서
다시 논밭을 만들고
다시 숲을 가꾸겠다

차도 버리고
컴퓨터 이런 거
다 버리고
세상의 문명이란 문명
모두 엎어 버리고
내 왕국의 백성들에게
다만 하나
푸른 별을 돌려주겠다

정중동靜中動

몇 년째 얼굴을 볼 수 없었던 친구가 부음을 전하고

봄이 떠나간 자리에 여름의 꽃이 핀다

시는 외로웠다

많은 시인들 틈에서 시는 외로웠다
시인들이 늘어나면서 낯선 사람들도 늘어나고
이제는 아는 사람보다 모르는 사람이 더 많을 지경에 이르렀다
모르는 사람들의 정체는 대체로 시가 사는 동네의 이웃 사람들이거나
멀리 살지만, 바람을 타고 날아간 시의 냄새에 비교적 익숙한 사람들이거나
이국에 살면서, 시의 나라를 세상의 가장 아름다운 나라라고 생각하는
세상의 때가 비교적 덜 묻은 순박한 사람들이다

시의 세계는 울타리도 꽤나 높다
하여, 울타리 너머에서 시를 보는 사람들은 시의 일부만을 볼 수밖에 없다
세상에서 키가 제일 큰 부류에 속하는 것이 시와 그 족속들로서
키가 크다는 이유로 많은 사람들에게 꾸준히 사랑받았기에
수천 년을 그렇게 살아왔지만 시는 결코 외롭다는 생각을 하지는 않았다
할 필요도 없었고 외로움이 오히려 키를 키우는데 도움이 되기도 했다

하지만 그것은 이제 옛말이 되었다
시대가 변하여 세상의 일이 세분화되고 문명이 급진적으로 발전하면서
오호통재라, 문명의 기기들이 시와 그 족속들의 역할을 대신하기에 이르렀다
이런 와중에도 시의 사촌들은 어쨌든 요리조리 살아갈 길을 찾고 있지만
사람의 마을에서 시가 설 땅은 점점 좁아져 가고 있다

그렇다고 낯선 사람들과 어울리기를 원해 시의 키를 줄일 수도 없는 일이다
시가 키를 줄이면 사람들이야 시를 대하기 편하겠지만
시는 이미 시로서의 생명을 잃고 마는 것이니
시는 이제 장렬히 생을 마감할 것인가
자신을 지키며 외로움을 견딜 것인가 하는 기로에 선 셈이다

해설

평론

균형과 평정의 공간 미학
— 김종철 제3시집 《영혼 패션》에 부쳐

장성진 창원대 명예교수

1.

문학작품 쓰는 일을 흔히 창작이라고 일컫는다. 근대 이후 인간이 무엇이든 할 수 있다는 생각이 개입된 용어이지 싶다. 그 이전에는 감히 없던 것을 처음 만들어낸다는 뜻을 가진 창작이란 말을 쓰지 않았다. 그것은 신 또는 신성한 존재의 영역으로 두었기 때문이다. 공자가 시경을 편찬하고 나서 스스로는 옮겨썼다(述)고 말하고 후대인들은 모아서 엮었다(纂輯)고 하였다. 아리스토텔레스가 문학은 언어를 매재媒材로 하여 세상의 이치를 모방하는 것이라고 하였다. 이후 시를 쓰는 이들은 겸손하게 시를 베껴 쓴다(寫詩)고 하거나 시편을 글로 쓴다(writing poem)고 하였다.

근대 이후 '생각하는 존재'로서의 인간은, 집단의 자격으로 사회 규범과 윤리를 만들면서 동시에 개인의 자격으로 그것에 저항하고 바꾸는 권리를 가졌다. 이러한 구조 속에서 시인은 당연히 후자의 성격을 강하게 드러내었으며, 그들의 시작詩作은 자유롭고 난해한 방향으로 나아갔다. 시작의 중요한 의의가 경전이나 신탁을 범속한 사람들에게 해명해 주는 데 있던 고대에는 시가 경전이나 신화에서 규정한 인간을 달리 규정할 수도 없고, 그들 기록보다 난해할 수도 없었다. 그러나 근대 이후의 시는 오히려 경전을 벗어나거나 재해석하거나 비틀어 보이는 데서 문학적 가치를 드러내려고 하였다. 시를 쓰는 일을 창작이라고 하고, 새로움과 다름을 존재 의의로 여기는 일은 너무나 당연시되었다.

다소 사변적인 문장을 앞세운 까닭은 김종철 시의 세계를 이해하는 방향을 마련하기 위해서이다. 시인은 짧은 서사序詞에서, "나의 시가 독자의 마음을 움직이는 힘이 비록 미약하다 할지라도, 시를 쓰기 위해 주변의 사람들이며 자연을 관찰하고, 동서고금의 역사와 신화와 철학과 종교를 탐색하고, 좋은 음악을 음미하고, 좋은 그림과 좋은 글에 관심을 가지는 것만으로도 더 이상 바랄 바 없이 삶의 풍요를 누리는 것"이라고 하였다. 이 말을 그저 의례적으로 덧붙였거나 겸손하게 과장하였다고 여길 수도 있지만, 결코 그렇지 않다. 작가가 독자에게 하고 싶은 말을 고심 끝에 쓰는 것이 서사이다.

"사람과 자연", "역사와 신화", "철학과 종교", "그림과 글"처럼 이질적 요소들을 관찰하고 탐색하고 음미하고 관심을 가지는 일이 일상적으로는 즐거울 수 있지만, "시를 쓰기 위해서" 하기에는 그 이질성을 감당하기 힘겹고, 따라서 견딜 수 없이 고통스러울 수밖에 없다. 그런데도 그 자체로서 "더 이상 바랄 바 없이" 풍요를 누리는 것이라고 했다. "독자의 마음을 움직이는 힘이 미약함"에도 불구하고. 독자의 마음을 움직이지 못하면 시인은 당연히 풍족할 수 없고 빈곤해야 한다. 시는 지적 자산으로서 유통되어야 하고, 시인이 하나의 직업인 점은 중요한 근대적 가치이다.

그렇다면 김종철 시인의 문학관은 무엇인가? 다소 막연한 채로 보편성에 대한 희망이다. 동서고금을 아우를 만한 역사와 신화와 종교와 철학은 동서고금에도 없었지만, 시의 대상으로서 그것에 대한 희망과 기대는 늘 있었으며, 그 지점에 시를 놓은 것이다. 시의 자리가 그러하다는 것이다. 그렇기 때문에 그것들은 "시를 쓰기 위해서" 관찰 탐색 음미하는 과정에서 완전한 풍요를 누리게 하는 것이다.

한편 시를 쓰려는 주체로서 작가는 그것을 형상화하는 데 대한 희망과 기대를 충분히 가진다. 동서고금의 역사와 신화와 종교와 철학을 이끈 주체들을 모두 신뢰하면서, 그것을 엮어서 보여주는 주체로서 시인의 위치를 정한다. 그것이 "더 이상 바랄 바 없이" 만족스러운 자신의 목표이다. 그 목표는 "독자의 마음을 움직이는 힘이 비록 미약한" 지금의 상태를 극복할 힘이 되는 것이다. 그 미약함은 그의 시 쓰기가 언제나 진행이자 동시에 준비 단계이기 때문이며, 독자들도 시의 전모를 보는 날에는 마음을 크게 움직일 것이라는 기대를 포함하고 있다.

그리고 그는 이 시집을 "고뇌의 산물이라기보다 사유의 결과물"로서 삶의 기록이라고 하였다. 사람에게 있어서 고뇌와 사유가 그리 멀리 있지 않음에도 불구하고 굳이 고뇌를 부정하면서 사유를 내세운 것은, 그 사유가 외적인 사물이나 상황에 의해 촉발되었음을 암시한다. 그 외적인 것은 앞에서 말한 역사와 신화와 철학과 종교를 포함하여 "사람과 자연"을 범칭한다고 보아도 좋겠다. 이는 그의 시가 대상 지향을 강하게 드러낸다는 의미이기도 하다.

이와 같이 시가 보편적인 인간의 가치를 지향하고, 대상으로서 그것을 중시할 때 필연적으로 장르 성격과 언술에 영향을 준다. 그것은 범박하게 말해서 서정 장르의 특성인 '세계의 자아화'를 양자의 균형 쪽으로 옮기고, 전달력으로 난해성을 극복하는 양상으로 나타나게 된다. 김종철 시에서 이러한 균형과 전달력의 중심 개념에 "공간"과 "자리 잡기"가 있다. 그가 선택한 시적 제재들은 물리적이건 심리적이건 각자의 자리를 통해 우주적 질서에 참여하는 것이다.

2.1.

공간으로 이루어지는 세계에서 균형과 안정을 보장해 주는 가장 중요한 방식은 자리 잡기이다. 이 지상의 자리는 일차적으로 방향과 크기를 가지는 지리적 공간상의 위치이지만, 문화적 은유로 계층이나 지위를 뜻하기도 하고, 더 나아가 추상적인 마음에까지 자리를 상정한다. 그만큼 질서 또는 가치까지 뜻하며, 문학에서는 작가의 사고를 드러낸다.

꽃들을 더 사랑하면

내 마음의 온기가 더해질는지

당신에게 물어본다

어린 마가목 한 그루를 구해 심으면서

땅에 심을까 화분에 심을까

우리의 정원 이미 만원인데

어디에 욕심을 내려놓아야 할지

한참을 망설인다

내 마음의 호수가 마르지 않기를 기원하면서

내가 좀 더 당신에게 다가갈 수 있기를 바라면서

내 사랑이 좀 더 순수해지기를 바라면서

꽃들을 사랑해야지 해야지 하는 동안

한 송이 백합이 고개를 돌리고

당신의 창이 열리고

닫히는 동안

— 〈꽃들을 더 사랑해야지〉 전문

  이 작품에서 "꽃"과 "나"와 "당신"은 같은 공간에서 자리 정하기를 통해서 공존을 모색한다. 화자는 자기의 욕심을 담은 마가목을 어디에 심을지 망설인다. 마가목을 심을 자리는 곧 화자가 설 자리이다. 그런데 이는 동시에 꽃을 사랑하기에 합당한 자리이고 당신이 결정할 자리이다. 끝내 화자는 마음대로 자리를 정하지 못한 채 뭔가를 바라기만 한다. 꽃은 꽃대로 고개를 돌리고, 당신은 당신의 창을 열고 닫는다.

  흔히 서정시에서 화자(자아)가 공간을 지배하고 중심에 서는 관습과 이 시 사이에는 거리가 있다. 왜 그럴까? 시인이 서사에서 말했듯이 그의 시는 철학과 역사와 사람과 자연을 아우르려고 하기 때문이다. 고민이 따를 수밖에 없다. 그 고민의 결과 화자 중심의 서정성을 다소 내려놓고, 대상의 비중을 높여서 사물과 사물, 화자와 대상 등 존재하는 것들 사이의 균형을 이루려는 것이다.

> 그리움이 깊어지면 우체통도 상사병을 앓는다
> 고성여객자동차터미널 앞 우체통과
> 옥천사 청담스님 사리탑 앞 우체통은
> 가슴이 허전하여 가끔 서로의 안부를 묻는다
> 고성읍 송학리와 개천면 북평리에 떨어져 사는
> 두 우체통은 할아버지와 손자인 셈이지만 이름도 성도 다르다
> 고성여객자동차터미널 앞 우체통은 그냥 '우편'인 반면
> 옥천사 우체통은 '느린 우체통'이란 명찰을 달고 있다
> … (중략)…
> 이제 우체통은 우체통끼리 안부를 묻기에 이르렀다
> 지금은 바람이나 안개나 새들이 이들의 전령이다
> 어찌 그리 무심하신가 세상일이 궁금하지도 않으신가
> 언제 읍내에 올 일 있으면 나도 좀 봄세
> 뒷산에 진달래 흐드러질 무렵 한번 다녀가시게나
> 그렇게 사람의 흉내를 내면 손자가 답한다
> 가을이 한창일 때, 두 그루 은행나무가
> 옥천사 경내를 온통 노랗게 물들일 때면

> 세속의 때도 씻을 겸 할아버지도 꼭 한번 다녀가셔요
>
> ─〈우체통의 안부〉 중

두 개의 우체통을 제재로 하여 긴 세월의 흐름과 세태를 담았다. 그런데 중요한 것은 두 개의 우체통이 아니라 두 곳의 우체통이다. 우체통이란 애당초 장소와 밀접한 문물이다. 근대 이후 도시화와 이향, 이별과 타향살이에서 오랜 동안 유일한 연락 수단이 편지였으며, 다른 통신 수단이 생기고도 사연과 감성을 담는 것은 여전히 편지의 몫이었다.

고성여객자동차터미널 앞과 옥천사 청담스님 사리탑 앞은 무척 대조적인 장소이다. 그곳을 찾아 편지를 보내는 이들도 사뭇 생활과 성격이 다른 사람들이다. 그렇지만 우체통을 찾는 이유는 같다. 우체통은 그 자리에 있음으로써 떠나간 이들과 떠도는 이들의 방향을 잡아주고 소통을 시켜 준다. 그런데 우체통의 시대가 끝났다. 우체통은 전달자에서 스스로 송수신자가 되었다. 변하지 않은 것은 그들의 자리이다.

시인은 우체통을 통해서, 세상이 아무리 달라져도 그 자리를 지키는 우체통을 통해서 인간관계의 영속성을 꿈꾼다. 우체통을 할아버지와 손자로 상정하고, 서로의 자리로 맞아들이려는 염원을 가지게 함으로써 이미 용도가 다한 연락 기능을 지속시키려고 한다.

이와 같이 사람과 사물들 사이의 자리 잡기는, 개인과 개성 만능의 근대적 사유에서 한 걸음 물러나 시대와 지역을 넘어서는 보편적 가치들을 지향하는 시의식의 표출이다.

2.2.

 안정과 균형을 유지하려는 자리 잡기가 평상심에서 나온 것이라면, 결핍에서 비롯된 자리 찾기는 보다 확대된 공간에서 이루어진다. 평면에서 수직을 더하여 입체화한 공간에서 나타나며, 절실함이 더해진다. 앞의 〈꽃들을 더 사랑해야지〉는 나무가 없어서 심으려는 것이 아닐 뿐더러 이미 "우리의 정원이 만원인" 상태에서 다시 나무를 심으려는 여유였으며, 〈우체통의 안부〉에서는 당연히 자리를 지키는 우체통이 한가해지자 허전함을 채우려고 서로를 맞이하려는 생각을 가졌다.
 그렇지만 현실에서는 그러한 일상의 평온함이 늘 갖추어지지는 않으며, 오히려 허물어지는 경우가 더 많다. 이때 다시 채우거나 회복하려는 욕구가 자리 찾기 방식으로 표출되곤 한다.

> 오월의 바람이 불면
> 단풍나무에서는 구름 냄새가 난다
> 바람에 일렁이는 단풍나무 잎과 꽃들의 군무가
> 커다란 새의 날갯짓 같기도 하고
> 뭉게뭉게 피어오르는 구름 같기도 하여
> 단풍나무를 타고 하늘을 날 수 있을 것 같다
>
> 짝이었던 붉은 단풍나무를 잃은 지 십수 년
> 푸른 단풍나무 홀로 맞이하는 오월
> 단풍나무를 구름나무라 부르기 시작한 것은

> 짝 잃은 단풍나무를 사랑하면서부터이다
> 트럭에 실려 마을을 떠나간 붉은 단풍나무의 기억이
> 저 멀리 구름을 바라보게 했는지도 모른다
>
> 신록이 오월의 햇살과 어울려 출렁거릴 때마다
> 단풍나무는 마음을 들어올리기에 충분하다
> 산들바람에 취해 산맥을 쏘다니다가
> 지상의 모든 꽃과 나무의 향기를 모아서
> 오월의 단풍나무 가지를 붙들고
> 하늘에서 내려올 수 있을 것만 같다
>
> — 〈단풍나무 구름〉 전문

이 작품은 공간을 통하여 하나의 압축된 스토리를 갈무리하고 있다. 세 개의 연은 그 진행을 보여 준다.

첫째 연은 하나의 공간에서 사물들이 완전한 합일을 이룬다. 식물인 단풍나무와 동물인 새와 무생물인 구름이 동질성을 가진다. 그것을 매개하는 것이 바람과 냄새이며, 이로 인해 사물들은 하나의 세계를 이룬다. 화자는 단풍나무를 타고 하늘에 올라 구름과 합일한다. 단풍나무는 상승의 출발점으로서의 자리이다.

둘째 연은 혼란이자 이탈이다. 짝이었던 붉은 단풍나무가 트럭에 실려가고, 남아 있는 푸른 단풍나무는 "홀로"의 시간과 공간에서 다른 삶을 살아간다. 앞의 연에서 충일하던 바람, 냄새, 새 같은 것들은 사라지고 구름도 저 멀리에 있으며, 나무는 구름을 더불지 못하고 바라보기만 하는 단절 상태이다. 그래서 "구름나무"

라는 이름과 기억만 남는다.

  셋째 연은 새로운 자리 찾기이다. "오월"이라는 동일한 시간이 찾아오면 또다시 모든 사물이 합일된다. 다시 "바람"이 불고, 거기에 취해 높은 산맥을 날아다니면서 꽃과 나무의 "향기(냄새)"를 모은다. 하지만 첫째 연과는 다르다. 둘째 연의 단절과 상실을 겪으면서 세계가 깊어졌다. 첫째 연의 핵심 매개물인 "바람"이 여기서는 "햇살"로 바뀌었다. 시시로 변하는 바람이 불변하는 햇살로 바뀌면서 단풍나무는 "마음"을 들어올린다. 산맥을 떠돌던 마음은 단풍나무 가지를 붙들고 하늘에서 땅으로 내려온다. 단풍나무가 제자리에 서 있음으로써 산맥을 떠돌던 마음이 제자리로 돌아온다. 나무는 자리 찾기의 표지이다.

  이러한 연의 대칭과 그 대칭 속에 숨겨진 승화, 즉 첫째 연의 자연스러운 합일과 셋째 연의 심화된 합일이 이 작품의 완성도를 보장해 준다.

> 아랑훼즈 협주곡이 방 안을 채우고
> 평화가 고독을 달래기 전이다
> 고양이 울음을 적시는 겨울비 때문인가
> 까닭도 모르게 흐르는 눈물
>
> 세월이 나를 이 음악에게로 인도했다
> 유산한 아내가 사경을 헤맬 때의 심정이
> 절절이 묻어나는 기타 선율에
> 내 살아온 날들도 함께 녹아

> 흐른다 눈물이 눈물을 끌어당긴다.
>
> ─〈로드리고〉중

 현실의 공간이 두드러지지는 않지만, 공간의 분위기가 작품을 이끌어 간다. 이 시의 제재는 음악이다. 로드리고의 아랑훼즈 협주곡이 제재인데 그 음악 자체는 그리 중요하지 않다. 당연하다. 언어예술인 문학의 원천적인 한계이다. 청각예술인 음악이건 시각예술인 회화이건, 어떤 문학 장르도 그것들의 실체를 재현해 주지는 못하며, 따라서 작가가 받은 음악이나 회화의 감동을 문학 작품으로 치환할 수는 없다. 그 대신 문학은 그 음악이나 회화에 관련된 사물을 선택적으로 구성하여 상상과 공감의 세계를 만들 수는 있다. 이 시에서 음악이 흐르는 공간은 중요한 배경이 된다.

 이 시의 세계는 불분명하고 복합적이다. 음악 창작의 배성 공간인 아랑훼즈가 독자에게는 시에 의해서 이끌리는 상상의 공간이다. 현실의 공간인 방 안은 상상의 공간과 겹쳐서 감성을 증폭시킨다. 시를 이해하는 관건은 겹쳐진 두 공간과 그에 따라 제시된 언술의 결을 따져보는 일이다.

 첫째 연에서 화자가 눈물을 흘리면서 그 까닭을 자신은 모른다고 하였다. 협주곡의 음악 소리, 고양이 울음 소리, 그것을 적시는 겨울비 소리는 눈물을 흘리는 핑계 거리일 뿐이고, 진정한 원인은 평화와 고독의 관계이다. 이 둘의 관계는 애매하다. 평화와 고독이 음악에 내포되어 있는지, 아니면 음악의 평화로움이 화자의 고독함을 달래 주는지 모를 일이다. 그래서 독자는 평화와 고독의 자리를 찾아야 한다.

둘째 연에서는 두 항의 대비가 더욱 확대된다. 기타 선율에 묻어나는 "유산한 아내가 사경을 헤맬 때의 심정"은 사경을 헤매는 아내의 심정인지, 그런 아내를 보는 남편의 심정인지 불분명하며, 그런 체험을 가진 화자의 심정인지, 그런 사정을 당할 수 있는 누구나의 심정인지 어디에도 열려 있다. 화자가 "살아온 날들도 함께 녹아" 있다는 말은 그것을 더욱 확장시킨다. 그렇기 때문에 끌어당기는 "눈물"과 끌려나오는 "눈물"의 주체도 불분명하다.

요는 이러한 복합성을 해석하여 분리하자는 것이 아니라, 독자가 그 가닥들의 자리를 찾아줌으로써 이 시의 의미를 다양하게 재생산할 수 있다는 뜻이다. 제재들이 가지는 자리와 관계를 독자가 찾는 과정이 이 시의 세계에 참여하는 일이다.

2.3.

시의 정신적 토대인 서정 장르는 흔히 말하는 세계의 자아화이다. 각 편의 시에 구현된 모습을 두고 말하자면 화자가 대상을 조작하고 재편하는 양상이다. 외적인 논리성을 배제한 채 화자의 생각에 따라서 세계는 얼마든지 새로워질 수 있다는 뜻이다. 그러나 어떤 시도 현실 논리를 완전히 배제할 수는 없다. 작가와 독자의 소통 때문이다. 완전한 자아화와 최소한의 논리성 사이에서 흔히 활용되는 수사적 장치는 자리바꿈displacement이다. 최소한의 비논리성을 상대나 대상에게 떠넘기는 것이다.

시가 나를 부끄러워한다는 걸 알겠다

시인이 되기를 갈망하고

시인이 된 것을 기뻐하고

시인인 것을 은근히 자랑하고

누가 나를 시인이라 불러줄 때

우쭐해 좋아하기도 했는데

몇십 년을 그렇게 살다 보니

시가 나를 부끄러워한다는 걸 알겠다

— 〈시가 나에게 묻고 있다〉 중

시인으로서 자기 고백이다. 내용이 특별할 건 없다. 문제는 표현의 기법이다.

장르를 불문하고 자기를 소재로 쓰는 글은 기본적으로 자성自省이 생명이다. 자서전이나 수필에서 작자가 자기를 과장하기도 하고, 겉으로 겸손한 듯이 하면서 은근히 자랑을 늘어놓기도 한다. 그러나 그런 글의 격을 따지는 것은 무의미하다.

자성하는 글을 읽으면 대체로 두 가지 감정이 복합적으로 일어난다. 하나는 안도감이고 하나는 낭패감이다. 안도감을 가지는 이유는 다른 이도 결점이든 과오든 악이든 부정적 측면을 가지고 있다는 점에서 나의 부정적 측면이 다소 감추어지기 때문이다. 낭패감은 남의 고백이 나의 경우와 많이 일치하기 때문이다. 다만 어떤 경우든 서로가 사회적으로 용인될 수 있는 범위에서 쓰고 읽는 데 암묵적으로 동의한다.

그렇지만 외적 기준과 관습에서 용인되기 어렵거나, 사실을 말해서 스스로 견디기 어려운 내용일 때는 자리바꿈이라는 수사를 동원하기도 한다. 이 시에서 화자는 자기의 고백이 매우 심각하다고 인식한다. 시인이 된 것을 기뻐하고, 자랑하고, 우쭐해지고, 게다가 그런 줄도 모르고 몇십 년을 살아왔으니, 깨달았을 때는 부끄러움의 부피가 너무 커져 있었다. 낭패가 났다. 이 낭패감을 벗어나기 위해 기법을 동원한다. 내가 나의 시를 부끄러워하는 것이 아니라, 나의 시가 나를 부끄러워한다. 능동적이어야 할 내가 그 자리에 시를 밀어넣고 수동적인 위치로 옮겨간다.

그렇지만 이 시에서 기법으로서의 자리바꿈을 온전히 활용하지는 않았다. 온전히 활용하면 "나는 나의 시를 부끄러워하지만, 나의 시는 나를 자랑스러워한다."가 되어야 한다. 그런데, "나의 시는 나를 부끄러워하고, 나는 그것을 안다."라고 중화시켰다. 여전히 성찰의 뜻을 유지하고 있다. 그렇다면 이 시에서의 자리바꿈은 여전히 객관성을 상당히 중시하는 작가의 생각에 기인한다고 보아야 할 것이다.

> 당신의 괴로움을 비추는 거울은 어디 있나요?
> 당신이 온통 괴로움의 덩어리일 때
> 당신의 괴로움을 비추는 거울은 하나인가요, 여럿인가요?
> 당신의 괴로움을 비추는 거울이
> 당신의 슬픔을 비추기도 하나요?
> 당신의 괴로움이 슬픔을 짓눌러
> 당신의 괴로움이 슬픔과 함께 뭉칠 때
> 거울은 슬픔의 동영상을 비추기도 하나요?

당신의 슬픔과 당신의 기쁨을 비추는 거울은 다른가요?
당신의 슬픔 곁에 기쁨이 있다면
거울은 슬픔도 비추고 기쁨도 비추나요?
슬픔을 비추고 기쁨도 비추는 거울을 당신은 볼 수 있나요?
당신을 비추는 거울은 어디 있나요?

― 〈어디 있나요, 거울은?〉 전문

앞의 작품에 비해서 불안감과 그것을 벗어나고자 하는 욕망이 훨씬 강하다. 첫째는 "당신의 거울"이다. 거울이라는 사물은 1인칭인 나와만 관계가 있다. 그것은 내가 바라볼 때만 거울이고, 그렇지 않을 때는 사물에 불과하다. 가령 거울에 다른 사물이 비치는 것을 볼 수는 있지만, 그것은 맨눈으로도 볼 수 있는 대상이기 때문에 그것을 비추는 거울은 거울로서의 의미가 없다. 둘째는 실물과 반사물의 분리이다. "괴로움을 비추는 거울은 하나인가요, 여럿인가요?"라는 설문은 괴로움을 비추는 거울이 여럿이기를 바란다는 뜻이다. 극심한 괴로움도 어느 거울엔가는 약하게 비치기를 바라는 마음. 또 괴로움을 비추는 거울, 슬픔을 비추는 거울, 슬픔을 비추고 기쁨도 비추는 거울을 찾고 있다. 괴로움과 슬픔에서 벗어나고자 하는 욕망이 절실하기 때문이다.

이와 같이 감당할 수 있는 범위를 넘어서는 괴로움과 슬픔을 자기 몫으로 두어서는 살 수 없을 때, 그 슬픔과 괴로움을 "당신"에게로 전가하고, 그 슬픔과 괴로움의 규모를 거울에게 전가하여 대상과의 관계를 유지한다.

2.4.

  화자와 대상과의 관계 설정에서 자리를 찾거나 지키거나 바꾸는 일은 하나같이 안정과 균형을 지향하는 일이다. 이의 연장선상에서 자리를 뜨는 일이란 어려움을 피하거나 새로운 희망을 찾는 일이 될 수 있다. 그렇지만 김종철의 시에서 자리를 뜨는 일은 대체로 위험하든가 불안한 징조이다. 그만큼 그의 시가 추구하는 공간 이미지는 견고하다. 그가 서사에서 말한 바와 같이 "아픔조차도 살아 있는 자가 누릴 수 있는 행운"이라는 긍정적 태도가 반영된 모습이라고 하겠다.

> 일과가 시작되기 전부터 떠오른 입은
> 날개라도 달린 듯 공중을 날아다니다가
> 나무에도 붙었다가
> 사람의 등 뒤에도 붙었다가
> 거리의 간판에도 붙어 지저귀다가
> 업종과 업종을 넘나들며 조잘대다가
> 지껄이다가
> 종알대다가
> 씨불이다가
> 연속극과 영화 사이에도 떠돌다가
> 연예계와 현실 정치판을 아우르며
> 물고 뜯다가
> 잘근잘근 씹다가

거품을 물고 씨근대다가
〈염라대왕은 말 많은 자를 두려워하지 않는다〉는 것을
아는지 모르는지
귀착지를 못 찾는 난파선처럼
허공을 떠도는 풍선처럼

― 〈떠다니는 입〉 전문

떠나면 다시 돌아오지 못할 것이 많다. 아니, 단 한 번 왔다가 떠나면 다시 오지 못하는 것이 삶이어서, 우리 인간은 모든 것이 떠나면 돌아오지 않는 것으로 생각한다. 인간이 신과 아주 가까이에 살던 원시시대에는 모든 것이 되돌아온다고 믿었지만, 사람들은 신을 버릴 때 그 믿음도 함께 버렸다. 그래서 떠나는 건 위험하고 슬픈 일이다.

이 시에서는 입이 떠다닌다. 입은 곧 말이다. 우주의 시원始元도 태초의 말씀이었고, 개인의 삶이 끝나는 지점도 말문을 닫는 일이다. 말은 창조이자 소멸의 수단이다. 그래서 말에는 때와 곳이 중요하다. "일과가 시작되기 전부터 떠오른 입"이란 때와 곳이 어긋난 말을 뜻한다. 일과가 시작되기 전의 말은 행동에 앞서는 조급함이요, 떠오른 입은 마음을 담지 못한 껍데기이다. 바깥의 모든 사물을 담아야 할 말이, 어디든 가서 붙는다는 것은 주객전도를 의미한다. 그로 인해 말의 가치를 잃고 그저 지껄임과 종알댐과 씨불임이라는 소리의 차원으로 전락한다. 그것은 상대에게 물고 뜯음과 잘근잘근 씹음과 거품을 물고 씨근대는 해코지가 될 뿐이다. 끝내 돌아오지 못하는 허공의 풍선처럼. 자리를 이탈

하는 것은 극도의 해악이다.

> 내가 만일 왕이라면
> 내 왕국의 길들을 갈아엎겠다.
> 고속도로 지방도로
> 산복도로 각종 포장도로
> 세상의 길들을 갈아엎어서
> 다시 논밭을 만들고
> 다시 숲을 가꾸겠다.
>
> 차도 버리고
> 컴퓨터 이런 거
> 다 버리고
> 세상의 문명이란 문명
> 모두 엎어 버리고
> 내 왕국의 백성들에게
> 다만 하나
> 푸른 별을 돌려주겠다.
>
> ― 〈내가 만일 왕이라면〉 전문

 동시童詩적 발상이다. 문명을 상징하는 찻길을 다 없애고, 그렇게 바뀌기 전의 논밭과 숲으로 돌려주고, 백성들에게는 푸른 별 하나만 돌려주겠다고 했다. 푸른 별이란 곧 원초적 상태의 지구일 것이다. 길을 갈아엎는다는 거친 표현은 농경사회에 대한 동경이다. 제자리로 돌아오는 것은 이상이자 행복이다.

3. 시조에 표출된 대상의 자리

김종철의 시의식을 확대시켜 적용한 장르는 시조이다. 우선 한 권의 시집에 자유시와 정형시를 포괄하는 구성은 시에 대한 그의 관점을 보여 주는 예이다. 현재 문단의 관습은 자유시와 시조의 관계 양상에 대하여 상당히 경직되어 있다. 두 갈래가 시라는 상위 영역에 통합되어 있다는 의식은 적고, 각자의 정체성을 강조하면서 배타적 태도를 드러낸다. 이는 문학에 대한 진지한 탐구의 결과라기보다 주로 활동하는 사람들과 그들이 결성한 단체의 성격에 기인한 측면이 더 강하다. 이런 상황에서 한 작가의 시정신을 자유시와 정형시 중 가장 적합한 양식으로 표출하려는 의식은 큰 의미가 있다. 다만 그의 시조는 율격적 요소를 제외하고는 너무 단순화시켜서 시조 장르로서의 독자적 가치를 논의하기는 아직 이르다고 보인다.

> 도시의 모퉁이에 가을이 깊어간다
> 한두 방울의 비가 어깨를 두드리고
> 맛집 앞 행렬 너머로 교회 첨탑도 떨고 있다
>
> ― 〈여수〉

시조의 율격을 잘 갖춘 작품이다. 제목인 〈여수〉는 아마 나그네의 쓸쓸함을 뜻하는 "여수旅愁"일 터이다. 제목에 의미를 두는 까닭은 작품의 구성을 이해하는 데 큰 역할을 하기 때문이다. 초장에서 도시의 모퉁이에 가을이 깊어간다고 했으니, 제목과 결부시켜 보면 도시는 타향이고 화자는 시골 사람이다. 중장은 초장과의 관계에서 중장으로 적합하다. 초장이 전체요 원경이라면 중장은 부분이자 근경이어서 적절한 대비이다. 그런데 의미로 보아서 종장은 중장보다 더 배경으로 밀려나 있다. 맛집 앞 행렬이나 교회 첨탑은, 어깨에 떨어지는 빗방울보다 화자에게 더 간접적인 사물이기 때문이다. 중장과 종장이 바뀌어야 더 시조답다.

  그렇다면 이러한 구성은 무엇을 보여주는가? 김종철 시인의 자유시에서 일관되게 구현된 자리-거리- 관념이 작용했다고 보아야 할 것이다. 자리 정하기에 의해 화자와 대상을 상대화한다는 점에서 보면, 화자의 어깨에 떨어지는 빗방울보다 맛집 앞에 늘어선 사람들과 첨탑 아래 교회에 있을 누군가도 화자에게 낯선 사람들이고, 그들이 서로의 회포를 더할 수도 있다는 뜻이다.

> 쑥인지 냉이인지 봄인지 햇살인지
> 손길만 부지런한 할머니의 등 뒤로
> 들녘을 휘돌아 부는 봄바람이 거세다
>
>   —〈봄을 캐는 할머니〉

  이 작품의 구성도 앞의 경우와 유사한데 한 걸음 더 나갔다. 제목이 〈봄을 캐는 할머니〉인데, 초장과 종장에 봄을 배치하고 중장에 할머니를 배치하였다. 초장의 네 가지 소재는 봄으로 통일되었으며, 중장의 할머니는 주체가 아니라 하나의 오브제로 묘사

되었다. 종장의 들녘을 휘돌아 부는 거센 바람은 할머니를 몰아세우는 듯하다. 거센 바람을 주제화하고, 그것을 등진 할머니와의 정서적 거리를 유지함으로써 봄을 객관화하려는 의도가 보이는데, 시조의 장르 관습을 의도적으로 변형시켰는지의 여부는 더 많은 작품을 기다려 보아야겠다.

5.

김종철 제3시집은 전체 4부로 구성되었다. 그중 제3부는 시조이고 나머지는 자유시이다. 전체를 관통하는 주제는 균형 잡힌 세계에서 평정심으로 살아가는 일상 추구이다. 이러한 시를 쓰기 위해 그는 문학을 철학과 종교와 역사와 신화 등 보편적 삶의 교차점에 두고자 하였으며, 화자와 대상을 객관적 상대로 위치시키고자 하였다. 이 사유가 작품 속 제재 간의 자리 잡기, 자리 찾기, 자리 바꾸기, 자리 돌려주기 등 공간의식으로 형상화되었다.

자유시와 정형시의 관계 정립, 철학적 사유의 심화 등은 계속 추구할 과제일 것이다.

다시 시집을 묶으며

다시 시집을 묶으며

문학은 인생 항로의 길잡이

김종철

 등단 25년 만에 첫 시집을 묶을 정도로 한때는 평생에 시집 한 권이면 족하다는 생각을 한 적도 있었으나, 등 떠밀려 첫 시집을 낸 후론 생각이 좀 바뀌었다. 늙어가면서 스스로를 다그치기 위해서라도 부지런히 시를 쓰리라, 여건이 허락되면 부지런히 시집도 내리라 다짐하였다. 시상이 떠오르면 메모를 하고 그걸 또 주무르고 다듬는 작업을 하다 보면 한 편 한 편의 작품에 애정이 생겨서, 버리자니 아깝고 쌓아 놓자니 짐이 된다.
 문단정치를 멀리하고 패거리 문학은 경멸하기까지 하는 터라 《경남문학》이나 《고성문학》 등의 지방 문예지 말고는 딱히 발표 지면도 없고, 어쩌다 오는 기획이라는 명목의 상업성 짙은 청탁들은 아예 거절하다 보니 이렇게 시집을 묶어서 독자를 대할 수밖에 없다. 좋은 시를 못 쓴다는 반증도 될 터이다. 작품의 질이

우수하다면 중앙의 내로라하는 문예지에서 청탁을 안 할 리 없다.

좋아하는 일, 하고 싶은 일이 돈이 되는 일이면 오죽 좋을까. 하지만, 문학을 해서 돈을 만들기란 여간 어려운 일이 아니고, 더군다나 시집을 팔아서 돈을 벌기란 모르긴 해도 지극히 어려운 일일 것이라는 짐작을 해본다.

그런데, 나는 변명을 하는 대신 되묻고 싶다. 자신이 좋아하는 일을 하면서 돈까지 잘 버는 사람들이 얼마나 있을까. 하물며, 그것이 창작 행위라고 할 때, 애당초 대중의 감성을 자극해서 대중의 인기를 목적으로 하는 상업 예술이 아닌 바에는 돈은 오히려 멀리해야 될 대상이 아닐까?

돈을 목적으로, 혹은 인기를 목적으로, 혹은 명예를 목적으로 창작 행위를 한다면, 그것은 장사꾼의 논리, 정치가의 논리, 검투사의 논리에 다름없는데, 어느 대문호의 표현을 빌리자면(가짜 예술의 원인은 창녀와 마찬가지로 이익을 탐하는 욕심이다. - 톨스토이) 정신적 창녀에 다름없는데, 참다운 시인이라면 뜨거운 예술혼 그것 하나면 충분하지 않을까? 나로선 2년 만에 시집을 내니 나름대로는 성실하게 시를 쓴 셈인데, 해마다 시집을 내는 시인이 이 땅에도 계시다고 하니 더욱 노력해야 명실상부한 시인으로서의 자격을 얻지 않을까 싶기도 하다.

정작 시를 쓰면서, 지원금을 받아 시집을 묶으면서 내가 아직도 부끄러운 이유는 제대로 된 좋은 시를 못 쓴다는 데 있다. 시의 이론을 넘어서는 시, 많이 배운 사람이나 시를 모르는 사람이나 똑같이 좋다고 느낄 수 있는 시, 우리말이 아니라 다른 언어로

번역하더라도 그 의미와 느낌이 크게 훼손되지 않을 시, 그런 시를 못 쓴 것 같다는 데 있다.

  이순을 넘기면서 드는 생각은 바로 이 생각, 부끄럽지 않아야 되겠다는 것이다. 부끄러운 일이 어디 시를 짓는 일뿐이겠는가마는, 돌이켜보면 나의 참회록은 한 권의 노트로는 모자라고, 가족과 이웃 그리고 주변 사람들에게 용서를 빌어야 할 일들이 파노라마처럼 내 기억의 지평선 저 너머에까지 닿아 있다. 시를 통하여 속죄하고 싶다. 이미 저질러진 과거의 잘못들은 참회하고, 아픈 기억들은 지우고, 다가올 미래에는 욕심을 버리고 분수에 맞게 부디 선하게 살고 싶다.

    －스윽 베어버리고 싶은 것이 부끄러운 과거뿐인 줄 알았으나
  이제는 닥쳐올 못된 미래조차도 내 생에서 스윽 베어내고 싶다.－
    ……
  일곱 살 목련의 시든 꽃망울을 가위로 싹둑싹둑 자른다.
  아픈 기억을 지우듯이
  하얗게 피어날 눈부신 날들도 지우며

                        — 졸시 〈봄날, 년을 베다〉 중에서

  눈부신 날들에 대한 기대는 일찌감치 버리기로 했다. 남들이 알아주지 않으면 어떤가. 나의 바람은 소박한 것에 있을 뿐이다. 지원금을 받을 수 있을지 없을지 몰라, 지원대상자로 선정이 되면 시집을 내고, 안 되면 내년쯤에나 내어볼까 했는데, 어찌하다

보니 서둘러 내게 되었다. 아무튼, 다시 시집을 묶는 까닭은 저번 시집을 낸 후 2년여 동안의 생각을 남들과 나누고 싶은 마음에서, 퇴색해가는 기억을 사진첩에 남겨두고 싶은 마음에서, 나의 2년여의 삶을 기록해두고자 하는 마음에서 비롯되었다.

그러나저러나 나는 왜 아직도 시를 붙들고 있는 것일까? 시인이 넘쳐나는 시대에, 시를 읽는 독자보다, 시를 짓고 시를 발표하고 여기저기 문단의 그늘을 찾아 상을 받고 무슨 벼슬이라도 한 양 현수막을 내걸고 신문에는 대문짝만하게 사진을 곁들인 시를 싣고 전망 좋은 곳의 돌에도 자신의 시를 새기며 여기저기에서 영예를 누린다고 착각하는 문인들이 많아져서, 문학적 완성도가 어떠하든 외형적으로는 언제 이런 시대가 있었나 싶도록 아주 풍요로운 시대에, 그러므로 희소가치도 떨어져서 시인이 별로 자랑스럽지도 않은 시대에, 팔리지도 않을 시집을 묶는 따위의 짓을, 나는 왜 아직도 우둔하고 미련한 짓을 멈추지 못하는 것일까? 나는 왜 아직도 시를 버리지 못하며, 왜 나는 나의 여생을 오로지 문학에 바치고 싶어 하는 것일까? 왜 이 길만이 내가 가고 싶은 길이라는 아집에서 벗어나지 못하는 것일까?

시를 쓰는 행위, 문학을 하는 행위도 인간의 본성에 적합한 자기완성을 향한 노력의 일환에 다름 아니다. 시를 통하여, 문학을 통하여 나는 사람다운 사람이 되고 싶다. 이런 생각은 콧수염이 거뭇해질 무렵부터 이제껏 문학도로 살아온 지난 세월 동안 줄기차게 이어져 왔고 어찌 보면 참 어리석게도 문학이야말로 정신 수양의 도구로서 인간 행위 중 최고라는 생각을 변함없이 하고 있다. 나에게 문학은 일이요 취미요 즐거움이요 사고와 행동의 원천이요 세상의 모든 사람들과 어깨동무하고 노래하고 춤추면서 함께하고픈 놀이다. 무엇보다도 문학은 나에게 인생 항로의 길잡이다.

'사람이 선의에 따라 행동해야 한다는 것을 이해하는 데 특별히 깊은 사상은 필요하지 않다'고 말한 임마누엘 칸트의 말에 나는 전적으로 동의한다. 그리고 '자기 자신을 향해 내 행위의 준칙이 모든 사람에게 보편타당한 법칙이 될 수 있는지 어떤지 물어본다.'고 하는 그의 자기 검정을 전적으로 신뢰한다. 나는 시를 통하여 나를 추스르고 시를 통하여 나를 점검한다. 그리고 고독한 시인의 눈으로 세상을 바라본다.

창문 밖에는 꽃과 나무들이 다투어 계절을 노래하고 있다. 오늘날 대한민국의 정치가 진영논리로 투쟁을 일삼는 것처럼, 인류는 오랜 세월 동안 종교라는 황금의 가면을 쓰고 지루하게 투쟁해 왔다. 근대를 지나 현대로 오면서 시민의 목소리가 커지고 노동자의 목소리가 커지고 여성의 목소리가 커지고, 더불어, 기기의 발달로 정보가 넘쳐나는 시대로 접어들면서 투쟁의 형태는 무척 다양해지기에 이르렀다. 이와 함께 철학을 비롯한 인문학은 왜소한 학문이 되어버리고, 예술은 상업화의 거대한 물결에 휩쓸려 산업화되고 도구화되고 말았다.

이념 전쟁이 끝나기 무섭게 경제 전쟁이라는 말이 사전에 등장할 정도로 전 지구적으로 경제를 우선시하는 정책들이 시행되면서 부의 성장을 발전의 개념과 동일시하게 되고 현대를 사는 지구인이라면 경제를 모르고서는 시대의 낙오자가 될 수밖에 없는 구조로 세상이 변해가고 있고, 이와 반비례하여 인류는 점차 도덕률을 상실해가고 있다.

　도덕률을 회복하지 않고 인류의 미래가 보장될까? 모르긴 해도 지금처럼 인류가 전 지구상에 팽배한 황금만능의 논리에서 헤어나오지 않고서는 암담한 미래만 있을 것이다. 머잖아 인간 세상에 살아 있는 지옥이 펼쳐질지도 모른다. 부자가 되기를 염원하기보다 어떻게 하면 평화롭게 살 것인지를 온 인류가 함께 고민해야 할 시점이 바로 지금이다. 제대로 정신이 박힌 사람이라면 이 논제에 충분히 동의할 것이고 그 절박함을 충분히 공감할 것이다. 전 인류가 미망에서 벗어나는 시발점은 '도덕률의 회복'이 되지 않으면 안 된다.

　도덕률을 회복하는 길은 어디에 있을까?

　예수와 같은 구세주, 마호메트와 같은 예언자를 기다려야 할까? 아니면 석가모니의 가르침을 따라 부처가 되어야 할까? 나는 감히 말하건대, 현대를 사는 우리 인류에게 종교는 진정성을 획득하기 어렵다. 종교, 좀 더 구체적으로는 교회나 성직자들의 사고가 경제논리에 굴복한 면도 일조했겠지만, 과학과 학문의 발달로 인간의 인지능력이 엄청난 발전을 이룩했다는데 그 근본적 이유가 있을 것이다.

　성경이나 코란, 베다와 불경의 내용들은 모두가 몇천 년 전에 기록된 내용으로 그 시대의 사람들에겐 신을 믿게 하고 신의 가르침을 따라 살아야 된다고 설득할 수 있는 내용이었는지는 몰라도, 세상 또한 미개하였기에 신을 두려워했을지는 몰라도, 시대는 변하여 '신은 죽었다'는 말이 나온 지도 오래되었다.

　이성이 마비된 신앙은 미신에 불과하다. 많은 경전을 보더라도 현대인들에겐 쉽게 납득되지 않는 내용들이 다수 포함되어 있다. 오늘날 대다수의 성직자들이 아직까지도 황당무계한 내용조차 무조건 믿어야 한다, 그렇지 않으면 신앙이 아니라는 식으로 가르치고 있으니 현대인들이 신을 믿기란 쉬운 일이 아니다. 신을 믿더라도 이성을 잃지 않고 믿기란 쉬운 일이 아니다.

  종교로 인한 갈등은 지구촌 구석구석에서 매일같이 반복되고 있다. 종교야말로 인간을 가장 어리석게 만드는 방편인지도 모른다. 칼 마르크스가 오죽하면 '종교는 인민의 아편이다'라고 했겠는가? 모든 종교가 선한 삶을 추구하지만, 문제는 자신들만이 옳고 나머지는 우상숭배니 사탄이니 하면서 옳지 않다고 보는 데 있다. 지구상에서 종교적 갈등이 사라지기는 어려울 것이다.

  신에 대한 정의부터 되짚어 봐야 하는 것은 아닐까? 하늘에 있는 존재가 신이라고 하면 몇 퍼센트의 현대인들이 동의할까? 신은 볼 수도 만질 수도 없는 존재요 다만 느낄 뿐이라고 하면 오늘날의 무신론자들이 과연 귀를 기울일까?

  물신주의에 물든 오늘날의 사람들이 신을 믿기란 결코 쉬운 일이 아니며, 설사 믿는다고 하더라도 예수나 마호메트의 가르침대로 살기란 쉬운 일이 아니며, 싯다르타의 가르침대로 행동하고 생각하기란 쉬운 일이 아니다. 성직자들부터 신의 뜻, 부처님의 뜻을 제대로 이해하고 제대로 실천하지 않고는 동네마다 진을 치고 있는 교회나 사찰들은 모두 예식장이나 친목모임을 하는 장소 정도의 역할밖에는 할 수 없을 것이다.

  사실 현대의 종교는 종교 본연의 역할이 뭔지부터 되새겨봐야 할 것이고 철학 또한 학문을 위한 학문에서 벗어나 어떻게 하면 현대인들이 선덕을 쌓아 모두가 만족할 만한 세상을 만들 수 있을 것인가를 고민해보는 쪽으로 방향을 틀어야 될 터인데, 종교나 철학 모두 굳어진 틀이 워낙 단단하여 보통의 사고를 가진 사람들은 스며들기가 참으로 힘들다.

종교나 철학이 너무 아득해서 현대인들의 정신세계를 정화하고 구제할 힘이 약하다면, 정신 훈련의 초보 단계로 현대의 인류가 관심을 가져야 할 분야가 문학이 아닐까, 그중에서도 시가 아닐까, 하고 나는 조심스럽게 진단해본다.

좋은 시를 읽으면 사람의 마음은 차분해진다. 좋은 시를 읽으면 좋은 음악을 들을 때만큼이나 평화로워진다. 좋은 시를 음미하고 암송하다 보면 마음에 선량함이 깃들고 그 마음이 지속되다 보면 어떤 상황, 어떤 사물, 어떤 사건을 만나 어느 순간 자신의 느낌을 시로 표현하고 싶은 마음이 생긴다.

나는 현대인들이 시를 좀 더 가까이하기를 바란다. 어떤 직업을 가지고 삶을 영위하든 시를 한번 지어보라고 권하고 싶다. 시야말로 세상의 빛이라고, 병들어 잠든 영혼을 깨울 생명의 빛이라고 감히 외쳐본다. 태양이 지상의 만물에게 생명을 불어넣듯이 시야말로 인간 영혼에 선량한 자양분을 불어넣어 줄 것이다.

그럼에도 불구하고 덧붙이지 않을 수 없는 말은, 시를 공부하되 좋은 시를 분별할 수 있어야 한다는 것이다. 자기도취에 빠진 시들을 자주 접하다 보면 이성이 마비될 수도 있다. 모든 지식이 그러하지만, 도덕률을 해치는 지식은 독약과 같다. 나쁜 시도 이와 같아서 시를 공부하는 사람에게 해악을 끼치기 십상이다. 시에 대한 분별력이 없이 시를 읽고, 뚜렷한 세계관이나 도덕률이

형성되지 않은 상태에서 시를 지어서는 좋은 시가 나올 리 만무하다.

　좋은 시를 쓰기 위해서는 좋은 마음가짐을 가지지 않으면 안 되는데, 궁극적으로는 신의 경지 부처의 경지를 엿보지 않고서는 최고의 선善은 만날 수가 없다는 것을 알게 될 것이다. 그리하여, 좋은 시를 향한 여정을 오래해본 사람이라면 수도자의 그것에 버금갈 만큼 마음 수련을 계속할 수밖에 없다.

　시도 그럴진대, 신을 부정하고는 인류가 처한 다양한 문제를 해결할 수 없다는 데 인류의 딜레마가 있어 보인다. 현대인들이 관심을 가져야 할 분야가 바로 마음 수련이다. 마음 수련을 위해서 전제되어야 할 대상이 곧 신이거나 해탈의 경지와 같은 지고지순의 지향점이다. 인간이란 고도의 지능을 가진 영악한 동물이자 이기적이고 불안정한 이성의 소유자이기 때문이다.

　마음 수련을 위해서는 개인의 개성에 맞게 종교 생활을 한다거나 명상센터를 찾아 명상과 요가 등을 통하여 하는 방법이 있겠으나 가장 기본적으로는 독서와 음악 감상을 권하고 싶다. 시와 음악은 신과 인간을 이어줄 유익한 매개체이다. 시를 공부하고 좋은 시를 짓기 위해 노력하다 보면 신을 만나고 부처를 만날 수밖에 없다는 생각을 한다. 그러기 위해서는 앞에서도 얘기했지만 좋은 책을 고르는 법과 좋은 음악을 고르는 안목부터 기르는 것이 우선되어야 할 터이기는 하다.

　좋은 시는 선불교에서 가르치는 중도의 경지, 도가에서 가르치는 무위의 경지를 터득해야 비로소 얻어지는 것이 아닐까? 신을 믿는 사람이라면, 이성을 잃지 않고 신을 느끼는 사람이라면, 자신의 이성이 가 닿은 궁극의 지점에서 신을 만나는 사람이라면, 자신이 신의 피조물이라는 사실을 뼛속 깊이 절감하고 신의 뜻에 따라 살기로 온몸으로 서원할 때 얻어지는 것이 아닐까?

    신을 찾는 것은 그물로 물을 뜨는 것과 같다. 뜨고 있는 동안은 물은 그물 속에 있지만, 떠냈을 때에는 아무것도 들어 있지 않다. 사색과 행위를 통해 신을 찾고 있는 동안, 신은 당신의 내부에 있다. 그러나 신을 찾아냈다고 생각하고 안심한 순간 당신은 신을 잃어버릴 것이다.

— 표도르 스트라호프

경남대표시인선 · 39

영혼 패션
김종철 제3시집

1쇄 찍은날　2020년 8월 15일

지은이　　김 종 철
펴낸이　　오 하 룡

펴낸곳　　도서출판 경남
주　소　　창원시 마산합포구 몽고정길 2-1
연락처　　(055)245-8818/223-4343(f)
이메일　　gnbook@empas.com
출판등록　제1985-100001호(1985. 5. 6.)
편집팀　　오태민 심경애 구도희

ⓒ김종철

＊잘못된 책은 바꿔 드립니다.
＊저자와 협의 인지 생략합니다.
＊이 책은 한국예술인복지재단의 창작준비금 지원을 받아 발간되었습니다.

ISBN 979-11-89731-61-8-03810

〔값 10,000원〕

*이 도서의 국립중앙도서관 출판예정도서목록(CIP)은 서지정보유통지원시스템 홈페이지(http://seoji.nl.go.kr)와 국가자료종합목록 구축시스템(http://kolis-net.nl.go.kr)에서 이용하실 수 있습니다.(CIP제어번호 : CIP2020033764)